As 5 habilidades essenciais dos relacionamentos

Dale Carnegie
e associados

As 5 habilidades essenciais dos relacionamentos

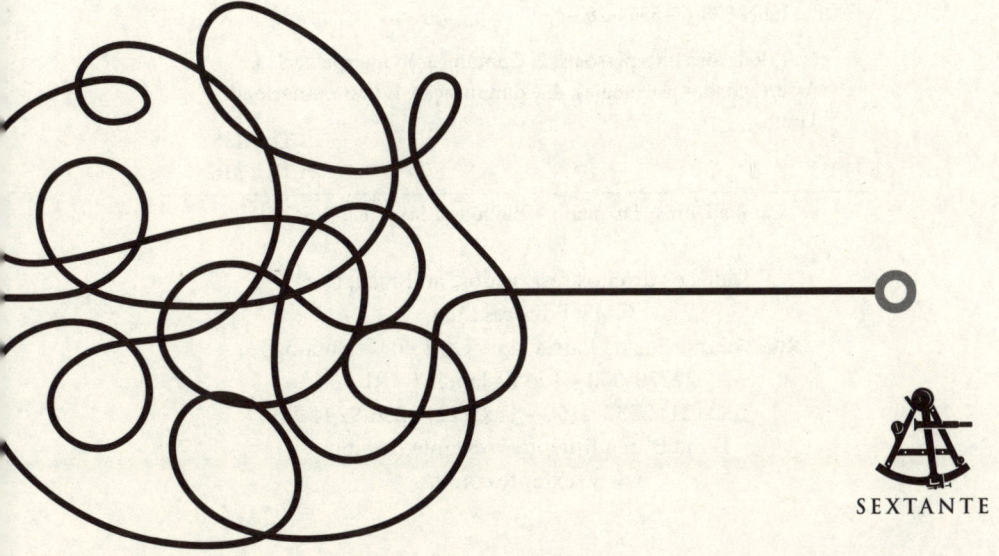

SEXTANTE

Título original: *The 5 Essential People Skills: How to Assert Yourself,
Listen to Others, and Resolve Conflicts*
Copyright do texto original © 2004 por Nightingale-Conant
Copyright do texto editado © 2009 por Dale Carnegie & Associates, Inc.
Copyright da tradução © 2022 por GMT Editores Ltda.

Publicado mediante acordo com a editora original, Fireside,
uma divisão da Simon & Schuster, Inc.
Todos os direitos reservados. Nenhuma parte deste livro pode ser
utilizada ou reproduzida sob quaisquer meios existentes sem autorização
por escrito dos editores.

tradução: Ângelo Lessa
preparo de originais: Emanoelle Veloso
revisão: Camila Figueiredo e Tereza da Rocha
projeto gráfico e diagramação: DTPhoenix Editorial
capa: DuatDesign
imagem de capa: Artem Stepanov / Shutterstock
impressão e acabamento: Associação Religiosa Imprensa da Fé

CIP-BRASIL. CATALOGAÇÃO NA PUBLICAÇÃO
SINDICATO NACIONAL DOS EDITORES DE LIVROS, RJ

T687c Training, Dale Carnegie
As 5 habilidades essenciais dos relacionamentos: como ser assertivo, ouvir as pessoas e resolver conflitos / Dale Carnegie Training; [tradução Ângelo Lessa]. – 1. ed. – Rio de Janeiro: Sextante, 2022.
216 p.; 23 cm.

Tradução de: The 5 essential people skills: how to assert yourself, listen to others, and resolve conflicts
ISBN 978-65-5564-283-4

1. Relações interpessoais. 2. Comunicação interpessoal. 3. Assertividade (psicologia). 4. Comunicação. I. Lessa, Ângelo. II. Título.

21-74833

CDD: 158.2
CDU: 316.47

Camila Donis Hartmann – Bibliotecária – CRB-7/6472

Todos os direitos reservados, no Brasil, por
GMT Editores Ltda.
Rua Voluntários da Pátria, 45 – Gr. 1.404 – Botafogo
22270-000 – Rio de Janeiro – RJ
Tel.: (21) 2538-4100 – Fax: (21) 2286-9244
E-mail: atendimento@sextante.com.br
www.sextante.com.br

Sumário

Prefácio — 7
1. Uma introdução à assertividade — 9
2. A mensagem assertiva em três partes — 23
3. Desenvolvimento assertivo da afinidade — 40
4. Táticas para a construção da afinidade assertiva — 55
5. Curiosidade assertiva — 69
6. Maximize a curiosidade assertiva nos negócios — 84
7. Da curiosidade ao entendimento — 95
8. Etiqueta: regras básicas para habilidades interpessoais — 107
9. A persuasão como habilidade interpessoal — 119
10. Faça perguntas com habilidade — 132
11. Fala assertiva — 139
12. Escuta assertiva — 152
13. Ambição assertiva — 164
14. Como usar a ambição assertiva para maximizar seus resultados — 176
15. Resolução assertiva de conflitos — 189
16. Gerenciamento e negociação de conflitos com assertividade — 201

Prefácio

Dale Carnegie fez mais no campo das relações humanas e do desenvolvimento pessoal do que qualquer outra pessoa. Seu programa mundialmente famoso, o *Dale Carnegie Training*, já ajudou milhões de pessoas.

Olhando para o próprio passado, Carnegie percebeu que, quando jovem, a preocupação e o medo eram as duas forças que o impediam de alcançar o sucesso pessoal. Ao vencer essas duas emoções negativas, ele passou a ter uma nova perspectiva de vida e uma nova visão do sucesso. A partir de então, abraçou como missão de vida ajudar os outros a vencer as preocupações e os medos para que também pudessem realizar seus sonhos.

Agora, com este livro, você também pode se beneficiar das nove décadas de ideias perspicazes sobre relações humanas que milhões de pessoas já descobriram no *Dale Carnegie Training*. Em *As 5 habilidades essenciais dos relacionamentos*, você aprenderá a focar nos fatores que levarão você e sua empresa a evoluírem. Conhecerá e dominará essas práticas comprovadas que o ajudarão a se sentir empoderado, respeitado e à vontade em qualquer interação pessoal ou profissional. Essas técnicas irão torná-lo mais confiante e capaz de se comunicar com autoestima, poder e clareza.

O principal objetivo deste livro é apresentar e explicar as cinco habilidades essenciais para as relações interpessoais: o **desenvolvimento da afinidade**, a **curiosidade**, a **comunicação**, a **ambição** e a **resolução de conflitos**. Mas isso é só o começo. Você verá que vários capítulos ampliam e aprofundam essas habilidades em novas e empolgantes direções. Portanto, conforme avançar na leitura, seja flexível e proativo ao aplicar as informações que aprender, começando agora mesmo!

Se você quer se beneficiar ao máximo deste livro, não deixe para depois. Sugerimos que dedique pelo menos cinco minutos para começar a ler agora mesmo. Faça os exercícios da seção "Em ação" ao fim de cada capítulo. Esses exercícios são passos práticos que você pode dar imediatamente, tanto no seu trabalho quanto junto a sua família e seus amigos.

Sempre que possível, estabeleça um prazo-limite para si mesmo e procure cumpri-lo. Se você não puser em prática as ações que definiu para si mesmo, este livro será apenas mais uma leitura. E, embora a leitura também seja eficaz, você só irá obter todos os benefícios deste valioso livro se fizer os exercícios da seção "Em ação". Promova essa mudança transformadora na sua vida e passe a agir de acordo com suas ideias e estratégias, e você alcançará resultados com os quais nunca havia sequer sonhado.

1

Uma introdução à assertividade

*Ganhe forças com o positivo
e não se deixe abater pelo negativo.*

— Dale Carnegie

Quase noventa anos atrás, Dale Carnegie publicou um livro que até hoje é uma das obras mais influentes dos últimos cem anos e provavelmente continuará sendo pelos próximos cem. O livro se chama *Como fazer amigos e influenciar pessoas*. O título não podia ser mais claro, não é? As ideias contidas nele continuam sendo tão claras e válidas quanto eram em 1936, ano da edição original. Embora *Como fazer amigos e influenciar pessoas* seja um documento extraordinário na história do desenvolvimento pessoal, já na época da publicação o livro foi revolucionário. Antes não existia o conceito de habilidades interpessoais, mas hoje em dia sabemos que, no que diz respeito às interações humanas, certas abordagens são melhores que outras.

O livro de Dale Carnegie apresentou princípios atemporais das relações humanas, essenciais ainda hoje. E é fato que, na atualidade, a influência desses princípios é maior que nunca. Com o avanço da tecnologia e a velocidade dos negócios, as pessoas que dominam as habilidades interpessoais não só se destacam no mercado de trabalho como também têm mais sucesso. Computadores e celulares têm feito uma grande diferença na nossa vida, mas a importância das habilidades interpessoais não diminuiu e nunca diminuirá.

No entanto, é impossível discutir um tema como habilidades interpessoais (sobretudo num ambiente empresarial) sem tratar de internet, celulares e e-mails. Esses recursos estão por toda parte. Aonde quer que você vá, eles vão junto. As novas tecnologias certamente aceleraram a maneira de fazer as coisas no trabalho, mas ao mesmo tempo aumentaram a expectativa da velocidade em que precisamos concluir as tarefas. Agora as pessoas não falam que precisam de algo para amanhã. Elas precisam para "ontem". É estranho, mas é verdade, e de certo modo é um paradoxo. De muitas formas, o trabalho se tornou mais fácil e mais rápido, mas ao mesmo tempo as tensões relacionadas a ele nunca estiveram tão elevadas. O estresse nos acompanha a todo lugar e a todo momento, e todos nós sabemos que quando a situação está tensa, a chance de atrito entre as pessoas cresce proporcionalmente.

Essa é a realidade em que estamos vivendo. Não há como escapar dela. É nesse ambiente que nós precisamos aprender a prosperar. E quando digo "nós" estou falando de você, não importa quem seja e qual carreira esteja trilhando. Não importa em qual área da economia atuemos, porque as mesmas forças se aplicam em qualquer lugar. Portanto, é melhor entrar logo em ação. Nesse ponto, Dale Carnegie foi preciso: "Qualquer que seja seu ramo de atuação, mesmo que tenha uma profissão técnica, seu nível de sucesso dependerá de sua habilidade de interagir de forma eficaz com outras pessoas." Apesar de as profissões técnicas terem hoje muito poder na economia em geral, as palavras de Carnegie permanecem verdadeiras.

EXPLORAÇÃO E SELEÇÃO

Nos próximos capítulos vamos lançar um olhar atento para o que está envolvido nas interações assertivas. Nossa exploração será bem seletiva. Neste livro, tentamos tratar de assuntos específicos com um foco restrito. O objetivo não é falar tudo o que há para se falar sobre o assunto, mas falar muito sobre um pequeno número de temas. Já existem ótimos livros no mercado sobre temas convencionais, tais como uma escuta eficaz, ou como fazer uma boa apresentação de vendas. Então por que tratar de temas já explorados a fundo? Em vez disso, vamos olhar para novas áreas, mais especificamente cinco delas: o desenvolvimento da afinidade, a curiosidade, a comunicação, a ambição e a resolução de conflitos, além de tópicos que sejam extensões naturais desses cinco temas.

No entanto, existe um aspecto das habilidades interpessoais que sempre merece muita atenção, porque é a base de todo e qualquer tipo de interação humana.

Estamos falando da assertividade: a capacidade de falar e agir de um modo que naturalmente faça as pessoas reagirem de forma atenta e positiva. Esse é o elemento básico de cada uma das cinco habilidades essenciais das relações interpessoais. Se você não está preparado para ser assertivo de maneira positiva e proativa, nada vai funcionar. Portanto, vamos começar olhando para o verdadeiro significado da assertividade no ambiente de trabalho atual – onde, para receber atenção, você precisa se destacar a qualquer custo. À medida que a discussão for evoluindo, veremos como a assertividade difere de outras formas menos eficazes de interação.

Existem poucas coisas que podemos considerar certezas na vida. Uma delas é que todo ser humano deseja ser tratado de forma justa. Talvez não sintamos que determinado momento exija justiça, mas é algo que sempre desejamos. Quando sentimos que não estamos sendo tratados de forma justa, devemos insistir em que isso aconteça. Não podemos simplesmente nos jogar no chão e nos fazer de mortos, embora muitas pessoas façam isso. Para sermos tratados de forma justa devemos dizer de maneira clara, educada e eficaz quais são nossos sentimentos, preferências, necessidades, opiniões e reclamações. Ninguém pode fazer isso por nós. Temos a responsabilidade de expressar nossas necessidades, e também temos a responsabilidade de fazer isso de modo apropriado e produtivo. Do contrário, não só nos privaremos daquilo que merecemos como também privaremos as pessoas ao nosso redor das contribuições reais que nós precisamos fazer.

COLOCANDO NOSSOS DIREITOS E RESPONSABILIDADES EM AÇÃO

O verdadeiro significado da assertividade é estabelecer parâmetros razoáveis para ser tratado de forma justa. É como as leis de trânsito: ir aonde você deseja é importante, mas isso não significa que você pode ultrapassar os sinais vermelhos. A assertividade é o meio-termo entre dois extremos: a agressividade impulsiva e a passividade derrotista. A pessoa verdadeiramente assertiva não é nenhuma dessas duas coisas. Pessoas agressivas são egocêntricas, desrespeitosas, hostis e exigentes de uma forma arrogante. Elas afastam os outros. Por outro lado, as pessoas passivas são fracas, complacentes e desrespeitosas com os próprios interesses. Elas também afastam os outros – exceto, talvez, as pessoas agressivas. Entre esses dois extremos, porém, estão as pessoas que sabem transmitir suas ideias sem impedir que as outras façam o mesmo. Sua tarefa é se tornar uma dessas pessoas. Homens e mulheres capazes disso são indivíduos assertivos, e o propósito deste livro é ensiná-lo a ser assim. Quando dominar essa habilidade, você estará fazendo o que é melhor para si e para todos à sua volta.

Bem, essa é a visão geral. Quando começamos a olhar mais atentamente para a assertividade, o quadro se torna mais complexo e até mesmo paradoxal. É muito mais fácil apontar o que *não é* assertivo do que apontar o que *é*. Embora seja fácil distinguir pessoas flagrantemente agressivas ou extremamente passivas, nem sempre é fácil apontar o que constitui um comportamento assertivo. Na verdade, essa é uma situação muito comum quando falamos sobre o comportamento das pessoas. Assim como tantas outras qualidades humanas importantes, é mais fácil reconhecer a assertividade do que defini-la. Portanto, vamos dar uma olhada nas evidências. Começaremos observando situações da vida real em que a assertividade tem um papel importante.

UM EXEMPLO REAL DE ASSERTIVIDADE EFICAZ

Imagine que você acabou de finalizar um projeto importante no trabalho, um projeto que consumiu várias semanas do seu tempo. Que alívio! Você precisou trabalhar com um grande número de pessoas, e no fim das contas tudo correu muito bem, apesar de estarem envolvidas as mais diferentes personalidades. Todos deram sua contribuição, e o resultado foi um grande sucesso. Mas você acabou de descobrir que um dos membros da equipe recebeu um elogio especial do seu chefe. Isso lhe parece totalmente arbitrário e injusto. Por algum motivo, apenas essa pessoa foi chamada à sala do chefe e recebeu uma congratulação pessoal.

Como você se sentiria na mesma situação? Nada feliz, claro. E o mais importante: como reagiria? Teria alguma reação? Uma pessoa agressiva teria uma reação hostil não só em relação ao chefe como também ao colega elogiado. Isso despertaria o sentimento de raiva, e em algum momento poderiam surgir até mesmo palavras desagradáveis. Uma pessoa passiva, por outro lado, provavelmente se recusaria a admitir que o chefe teve um comportamento questionável e não reagiria.

A resposta assertiva é um meio-termo entre esses dois extremos. Para explicar como funciona, precisamos começar com um princípio que influenciará todas as lições deste livro. Nosso foco principal será na assertividade e nas habilidades pessoais no ambiente empresarial. Portanto, precisamos ter um ponto de vista profissional, não pessoal. Na situação que acabamos de descrever, uma reação assertiva implica saber como você realmente se sente e depois descobrir uma forma de expressar esse sentimento no contexto de um ambiente empresarial.

Vamos supor que você marque uma reunião com o chefe para dizer como se sente. Mesmo que esteja magoado pelo fato de outra pessoa ter recebido crédito em excesso por um trabalho de equipe, seria um erro começar externando esse sentimento pessoal. Vocês estão num ambiente de trabalho, portanto mantenha o foco no trabalho. Se você falar sobre como está se sentindo, vai acabar parecendo um chorão. Soará antiprofissional se disser algo como "Eu trabalhei tão duro quanto o George, mas ele recebeu todo o crédito pelo projeto!".

Eis um exemplo de abordagem mais assertiva: "Entendo que tenha gostado do trabalho de George no projeto, e fico muito feliz em saber disso, porque ele fez contribuições importantes. Mas uma coisa me deixou preocupado. Todos os funcionários que participaram do projeto se esforçaram bastante e dedicaram muitas horas de trabalho a ele, inclusive eu. Quando chegar a hora da minha avaliação de desempenho, quero ter certeza de receber o mesmo reconhecimento que George recebeu. Isso é muito importante para mim. Teria sido gratificante se cada um de nós tivesse recebido um agradecimento individual, mas minha maior preocupação é como isso vai afetar minhas oportunidades de carreira dentro da empresa."

Ao focar nos aspectos profissionais da situação, não nos elementos emocionais, criamos um efeito bastante útil, ao qual vamos nos referir diversas vezes ao longo deste livro. Veja bem: tanto a reação passiva quanto a agressiva são comportamentos infantis. Em qualquer contexto profissional, a pessoa que parece mais madura se sai melhor. Se você faz beicinho, resmunga ou faz birra, está se colocando como o perdedor. Você se sairia melhor se demonstrasse assertividade – a reação adulta entre os dois extremos de reações infantis.

Se olharmos mais de perto para alguns componentes específicos da ação assertiva, começaremos a ver como funciona essa ideia de separação entre as atitudes infantis e adultas.

ANALISANDO OS COMPONENTES DA ASSERTIVIDADE

A assertividade é um antídoto para o medo, para a timidez, para a passividade e até para a raiva – todas elas emoções infantis. Ser assertivo significa falar com clareza, fazer pedidos razoáveis e insistir em que seus direitos sejam respeitados e que você seja visto como um ser humano tão importante como todos os outros. A assertividade também é a capacidade de expressar emoções negativas sem personalizar o problema. Uma pessoa assertiva sabe como fazer perguntas, como discordar e até como recusar um pedido sem parecer infantil. A assertividade é a capacidade de questionar a autoridade de forma positiva. É o poder de perguntar "Por quê?" não para se rebelar, mas para assumir a responsabilidade de melhorar a situação.

Até o fim deste capítulo vamos analisar quatro passos específicos que podemos dar para implementar a assertividade em praticamente qualquer ambiente. Esses passos serão a base de todas as estratégias assertivas que discutiremos nos dois primeiros capítulos.

PRIMEIRO PASSO: Prepare-se usando a autorreflexão

Hoje em dia existe uma grande variedade de ferramentas de avaliação que podem nos ajudar a identificar nossos pontos fortes e em que podemos melhorar. As avaliações 360 graus são especialmente úteis porque as informações são recebidas de diversas fontes e podem nos ajudar a descobrir nossos pontos cegos.

Neste livro, usaremos uma avaliação informal como primeiro passo para você se tornar uma pessoa assertiva e desenvolver a assertividade no seu repertório de habilidades interpessoais. Quando identificamos em que estágio nos encontramos, descobrimos quais mudanças precisamos fazer e acreditamos na nossa capacidade de concretizá-las.

Por exemplo, você costuma sentir que estão tirando vantagem de você? Se sim, pergunte a si mesmo se essa é uma visão precisa do que está acontecendo na sua vida. Caso chegue a essa conclusão, o que precisa mudar? É muito provável que você tenha dificuldade em dizer "não" quando necessário. Talvez seja bom começar tomando nota das situações em que você enfrenta essa dificuldade. Mantenha um registro das ocasiões em que teve que dizer "não", incluindo como se sentiu depois. Ao confrontar suas inibições, você perceberá que elas começarão a perder a força.

Mas talvez você esteja na outra ponta do espectro. Você é capaz de relembrar situações em que cometeu sincericídio? Será que em alguma dessas situações você se comportou de forma agressiva? Seja franco consigo mesmo ao avaliar essa possibilidade. Se a resposta for sim, pergunte a si mesmo se esse comportamento está sendo benéfico ou prejudicial. Você realmente quer desenvolver a agressividade na sua personalidade? Ou ela é apenas um substituto para uma reação mais adulta – a assertividade? Mais uma vez, tente manter um registro das situações em que você se sentiu agressivo. Acompanhe seu progresso na tentativa de controlar esse sentimento.

Ao fazer isso, tenha em mente que mudanças positivas não acontecem sozinhas. Talvez você sinta certa ansiedade, ou até medo, quanto a se tornar uma pessoa assertiva. Se for esse o caso, escreva sobre isso no seu diário. Tem alguém com quem você possa conversar sobre as mudanças que está tentando fazer? Fale com essa pessoa sobre as situações e os sentimentos específicos que o preocupam.

Talvez valha a pena investigar a origem das emoções que está sentindo. De onde realmente vêm os valores que orientam sua relação com as pessoas? Quando toma uma decisão sobre como se comportar em determinada situação, de quem é a voz que você ouve na sua mente? Quem são as pessoas do passado que, subconscientemente, estão influenciando seu comportamento no presente?

Ocorre que, quando crianças, somos bombardeados com regras – não seja egoísta, não tente passar os outros para trás, não cometa erros, não seja emotivo, não seja irracional, não interrompa as pessoas, etc. A maioria dessas regras é valiosa e é imposta com as melhores intenções, mas se ficarem gravadas com muita força na sua consciência, talvez você as considere mais importantes do que de fato são. E mais: apesar dos bons motivos para a existência de muitas dessas regras, todas elas podem ser legitimamente quebradas em certas situações.

Por exemplo, você tem direito de ser o primeiro, pelo menos às vezes. Você tem direito de errar, desde que queira aprender com os erros. E você tem direito de dizer que não tem tempo para fazer algo se de fato não tiver tempo.

SEGUNDO PASSO: **Faça uma autoavaliação honesta**

A maioria dos sentimentos de submissão ou agressividade tem origem na infância. É hora de identificar essas raízes e perceber que você pode superá-las.

Durante esse processo de autoconhecimento, tenha em mente o prejuízo que você sofre quando evita ter um comportamento assertivo apropriado. Ao agir de forma agressiva, por exemplo, é provável que você sinta uma culpa que pode se tornar um fardo pesado com o passar do tempo. Ao permitir que pessoas ou circunstâncias se coloquem na frente de suas necessidades legítimas, você está se desrespeitando. No começo talvez você pense que ser assertivo é uma questão de escolha, mas com o passar do tempo isso pode levá-lo a acreditar que você não tem nenhum poder.

Uma autoavaliação precisa é o primeiro passo essencial em qualquer tentativa de desenvolvimento pessoal ou profissional, e para cumprir essa etapa é preciso remover todas as barreiras, mas nem sempre é fácil saber o que você está vendo de verdade quando se olha no espelho – e é muito mais difícil que outra pessoa faça isso por você. A autopercepção e a autoavaliação são tão fundamentais que dar um passo nessa direção não é apenas necessário – é algo que deve ser encorajado. Ter alguém com quem conversar sobre sua tentativa de se tornar um indivíduo assertivo é um elemento-chave da autoavaliação. Com o mínimo de esforço, essa pessoa pode ajudá-lo de verdade. Mas deixe claro que você vai retribuir o favor quando solicitado.

E o que você precisa fazer? Primeiro, escreva uma mensagem para seu amigo listando diversas características de personalidade. Inclua traços que você acredita ter e outros que não tenha, sejam eles negativos ou positivos. Por exemplo, talvez você se considere uma pessoa muito bem-humorada ou meticulosa. Coloque esses traços no topo da lista. Em seguida, pense em atributos que você gostaria de ter. Talvez você queira ser conhecido como um indivíduo muito feliz, ou caridoso, ou compassivo. Coloque essas palavras na lista. Por fim, inclua algumas qualidades indesejadas, como "rabugento" ou "insensível".

Quando enviar a mensagem, peça que ele a encaminhe a todos os conhecidos que vocês tiverem em comum. Envie junto uma mensagem curta pedindo que as pessoas marquem quais qualidades o descrevem melhor. Garanta a elas que, ao enviarem a lista de volta para seu amigo, as respostas serão totalmente anônimas.

Quando receber as respostas, você provavelmente ficará espantado com certas qualidades que as pessoas enxergam em você e que você nunca enxergou em si mesmo. Essa é uma excelente forma de receber um feedback honesto sobre quem você é, em comparação com quem você *pensa* que é. Talvez seja necessário ter um pouco de coragem para mandar essa lista, mas, por si só, esse é um ato de assertividade. Portanto, não deixe de tentar.

TERCEIRO PASSO: Avalie o mundo externo

Após fazer um esforço real de autoavaliação, é hora de mudar o foco, deixando de olhar para dentro e passando a olhar para fora. Em outras palavras, observe o que está acontecendo na sua vida agora, sobretudo no trabalho. Quais das situações específicas em que você está envolvido agora terão impacto no sucesso da sua carreira? Como você está lidando com essas situações? Está sendo passivo ou agressivo demais?

Escolha uma situação específica que esteja preocupando você e crie uma visão precisa dela. Em seguida, comece a elaborar um plano detalhado sobre como agir de forma assertiva nesse contexto, com base nas orientações a seguir.

Primeiro, se você fosse falar diretamente com as pessoas envolvidas, como descreveria a situação e seu sentimento em relação a ela? Você pode pôr essa conversa no papel ou pode encená-la. Seja muito específico sobre o que aconteceu no passado, o que está acontecendo agora e o que gostaria que acontecesse no futuro. Não faça acusações genéricas como "Você sempre é hostil... você vive irritado... você nunca tem tempo para conversar comigo". Em vez disso, formule frases que comecem com "Eu", foque nos fatos e mantenha o controle emocional.

E o mais importante: não "estenda" o tema da conversa para além da situação principal. Não há problema em falar do passado, desde que ele tenha a ver com o presente. Por exemplo, você pode falar algo sobre uma discussão que teve no começo do projeto, mas não fale sobre algo que foi dito no mês passado ou no ano passado, num contexto totalmente diferente. Seja objetivo. Concentre-se no que de fato aconteceu e no que está acontecendo. Não entre em questões de motivação ou psicologia. Você só sabe o que aconteceu no nível físico. Você pode até especular sobre a razão pela qual determinada coisa aconteceu, mas agora não é hora de fazer isso.

Caso sinta necessidade de falar sobre suas emoções, procure deixar claro que elas são suas. Novamente, comece as frases com "Eu"; isso mostra que você se responsabiliza pelos seus sentimentos. Tente se concentrar nos sentimentos positivos relacionados aos seus desejos e necessidades legítimos, não no seu ressentimento em relação a seu interlocutor. Descreva as mudanças que você gostaria de ver acontecer. Seja específico em relação ao que gostaria que parasse de acontecer e ao que gostaria que começasse a acontecer. Certifique-se de que as mudanças são razoáveis. Ser assertivo também é levar em conta as necessidades alheias, além de se dispor a fazer mudanças em si mesmo. Talvez você queira conversar sobre as consequências dessas mudanças, ou da ausência de mudanças, mas, se for esse o caso, não faça ameaças. Ameaças sempre dão ao conflito um ar pessoal. Desafiam as pessoas num nível mais profundo que o profissional, e isso pode fazer com que a outra parte se sinta encurralada e fique na defensiva.

Ao criar esses diálogos imaginários, comece suas frases das seguintes formas:

"O que nós podemos fazer é..."

"Nós poderíamos..."

"Será que você poderia...?"

"Eu fico feliz quando você..."

"Concordo com parte do que você está dizendo, e as coisas que eu gostaria de mudar são..."

Quando você tiver prática em criar seus cenários de assertividade, certas coisas ficarão claras. Você começará a se dar conta de alguns fatos. Perceberá, por exemplo, que por mais educado e calmo que seja, por mais que elabore frases começando com "Eu", por mais que se atenha à situação, haverá ocasiões em que sua assertividade será vista como um ataque pessoal. Essa percepção não terá base na realidade. Se o outro indivíduo for agressivo, talvez você receba exatamente o tipo de ataque que está sendo acusado de realizar. Para ser realmente uma pessoa assertiva, você precisa estar preparado para esse cenário e precisa saber como reagir.

Como reagir a agressões

Na maioria das vezes, basta você explicar sua posição e se manter firme para resolver a situação. No entanto, é possível que você se sinta fortemente tentado a contra-atacar ou recuar. Resista a essa tentação. Nunca permita que o descontrole emocional da outra pessoa influencie seu comportamento.

Na verdade, o que acontece é o seguinte: ao ficar com raiva, a outra pessoa deixa implícito que os sentimentos dela são mais importantes que os seus só porque ela está falando alto, sendo sarcástica ou até caindo no choro. Não permita que esse comportamento diminua sua importância ou aumente a da outra pessoa. Não reaja de forma agressiva, mas também não recue. Ao fazer isso você está usando uma abordagem passivo-agressiva.

Em vez disso, mantenha uma postura que mostre que "vocês dois têm o mesmo valor". Dale Carnegie diz que nos beneficiamos ao enxergar a situação do ponto de vista do outro. Não é fácil fazer isso quando a outra pessoa está emotiva. Manter essa atitude diante de alguém que não controla as próprias emoções é algo que requer prática. Mais uma vez, você pode contar com a ajuda de um amigo ou colega de trabalho próximo. Nesse exercício, peça a essa pessoa que represente o outro lado da conversa enquanto você se concentra em manter o equilíbrio.

Isso não significa que você deve ser desonesto só para manter sua posição. Se parte da crítica que você recebeu é justa, reconheça. Não dê desculpas. Mesmo que não concorde com grande parte da crítica, você pode destacar um trecho com o qual concorde para baixar a temperatura da discussão. Use frases como "Talvez você esteja certo a respeito de tal coisa..." ou "Eu entendo como você se sente em relação a tal coisa...". Em outras circunstâncias, pode parecer que você está recuando, mas há situações em que a conciliação pode ser uma boa abordagem.

Lembre-se: até agora nós falamos sobre como treinar e se preparar para situações do mundo real. Sugerimos que você mantenha um diário para relatar seus comportamentos agressivos e passivos, falamos sobre algumas técnicas de autoavaliação e recomendamos que você as exercite com um amigo. Agora vamos para a "prova prática".

QUARTO PASSO: A prova prática

Quando começar a testar sua assertividade em situações reais, tenha em mente as seguintes orientações. Primeiro, escolha uma circunstância gerenciável. Comece com situações mais fáceis e menos estressantes. Ganhe confiança. Conforme for se sentindo mais confortável, ajuste sua abordagem e se prepare para situações mais difíceis.

Se atualmente não houver nenhuma situação na sua vida que exija assertividade, procure criar uma. Basta sair um pouco da sua zona de conforto. Se estiver numa reunião, faça uma pergunta ou desafie educadamente um colega a explicar um ponto de vista. Escreva uma mensagem contando a seu superior algo que o preocupa no trabalho. Faça um elogio ou dê um feedback construtivo numa situação em que você costuma se manter calado. Não faça nada arriscado. O importante é se tornar cada vez mais assertivo, mas com consciência e aos poucos. Preste atenção em como essa mudança intencional faz com que você se sinta. Como sempre, escrever pode ajudar a clarear seus pensamentos, por isso tente tomar nota de tudo no seu diário da assertividade.

Conforme sua confiança crescer, você estará mais preparado para encarar situações mais desafiadoras. Durante um período de uma ou duas semanas, elabore uma lista de situações em que você gostaria de ser mais assertivo. Observe por algum tempo como essas situações se desenvolvem antes de tomar qualquer atitude. Então escolha uma situação específica e reflita sobre qual seria um comportamento verdadeiramente assertivo. Em outras palavras, qual é a melhor forma de expressar suas ideias, necessidades e vontades legítimas? Além disso, qual é a melhor forma de identificar e eliminar comportamentos negativos dos outros envolvidos? Por fim, aja com base nas suas conclusões.

Eis alguns pontos úteis para se ter em mente ao fazer isso. Embora certas conversas pareçam mais monólogos do que qualquer outra coisa, a maioria das interações profissionais requer pelo menos duas pessoas compartilhando pensamentos, sentimentos e desejos, e tentando fazer com que a própria vontade prevaleça. Portanto, expresse-se de forma assertiva, mas dê à outra pessoa a chance de fazer o mesmo, e escute com empatia. Tenha em mente que a vitória para você e a derrota para o outro não são o desfecho ideal. Busque uma situação em que todas as partes saiam ganhando, ou algo próximo disso. Talvez você demore a chegar a esse ponto. Haverá situações em que você terá razão em exigir a reparação de uma injustiça, mas em outras essa medida será contraproducente. Qualquer que seja a situação, porém, lembre-se de que a assertividade é a regra de ouro dos tempos modernos. Respeite os desejos e as necessidades da outra parte e espere que ela faça o mesmo por você. Não aceite nada menos que isso.

EM AÇÃO

1. Reflita sobre uma "injustiça" na qual você esteve envolvido, seja no trabalho ou na vida pessoal. Como você lidou com a situação? Escreva sobre sua experiência e depois reflita sobre o que faria de diferente com base nos conceitos que acabou de aprender.

2. Faça uma autoavaliação honesta. Numa escala de 1 a 10, qual é o seu nível de assertividade?

1	2	3	4	5	6	7	8	9	10
Passivo				*Assertivo*					*Agressivo*

3. Leia a lista a seguir e marque um X nos traços de personalidade que você gostaria de mudar. Em seguida, elabore um plano por escrito com esse objetivo.

   ☐ Muitas vezes eu me sinto vítima do que acontece ao meu redor.

☐ Eu desconto nos outros quando estou irritado ou sinto que fui tratado injustamente.

☐ Muitas vezes eu começo a conversa dizendo "Você me deixa...".

☐ Tenho dificuldade em admitir que estou errado.

☐ Fico sobrecarregado e não digo "não" com a frequência que deveria.

☐ Sou excessivamente crítico comigo mesmo e com os outros.

☐ Costumo usar termos extremos como "nunca" e "sempre" quando estou falando com outras pessoas sobre o comportamento delas.

☐ Evito a qualquer custo ser assertivo e entrar em confrontos.

ANOTAÇÕES

2

A mensagem assertiva em três partes

*Faça com que a outra pessoa se sinta feliz
em fazer o que você sugere.*

– DALE CARNEGIE

No Capítulo 1 debatemos o que é assertividade e discutimos formas de se preparar para utilizá-la na vida e na carreira. Neste capítulo, abordaremos táticas específicas que você pode usar para empregar a assertividade em diversas situações no ambiente de trabalho.

Existem muitas técnicas para implementar o comportamento assertivo, mas a maioria delas se baseia naquilo que chamamos de mensagem assertiva em três partes:

- Faça um resumo dos fatos da situação.
- Expresse seus pensamentos e sentimentos.
- Deixe claro quais são suas vontades e necessidades, incluindo em seu discurso os benefícios para a outra parte.

Essa fórmula permite que você expresse suas preocupações sem ser agressivo. Ela é simples, mas requer prática e autocontrole para ser utilizada. Vejamos um exemplo de como ela pode ser empregada numa conversa entre duas pessoas num ambiente de trabalho.

Nicole é dona de uma empresa de webdesign. Em geral, seus clientes precisam mudar o conteúdo de seus sites num prazo mínimo. Assim que começam a oferecer novos produtos e serviços, as empresas que contratam

Nicole querem que essa informação esteja disponível on-line quanto antes, em benefício de seus próprios clientes.

Recentemente, Nicole ficou preocupada ao perceber que um de seus webdesigners não vinha cumprindo os prazos de alguns projetos. Nem é preciso dizer que isso desagradou os clientes de Nicole, por isso ela decidiu falar com o funcionário sobre a situação.

Nicole vai usar a fórmula da mensagem assertiva em três partes. Começa expondo os fatos de forma clara e direta: "Lembro que nós conversamos sobre quanto tempo você demoraria para terminar essa tarefa. Concordamos que seriam dez dias de trabalho. Já faz duas semanas, e o trabalho não foi terminado."

Perceba que Nicole só fez referência a fatos objetivos. Não falou sobre suas preocupações ou seus sentimentos. Isso tudo surgirá na segunda das três partes da mensagem assertiva.

"Quando ocorrem atrasos assim, o cliente fica tenso, e isso se traduz em estresse para nós", continua Nicole. "Eu fico preocupada e preciso comunicar essa preocupação a você."

Com a terceira parte da fórmula, Nicole deixa claro quais mudanças precisam ser feitas: "Quero deixar bem claro que quando acertamos um prazo para uma tarefa, esse prazo precisa ser cumprido. Quando conversamos sobre quanto tempo você precisaria ter para concluir a tarefa, acho que você estabeleceu um prazo irreal para si mesmo. Talvez tenha feito isso porque acha que vai me passar a impressão de que trabalha realmente rápido. Mas não é isso que eu vou pensar, caso seja impossível cumprir o deadline."

Até agora, Nicole só falou sobre o problema que precisa ser resolvido e sobre como isso vai beneficiar não só ela como toda a empresa. Mas lembre-se: em qualquer diálogo assertivo é importante incluir os benefícios para a pessoa com quem você está falando, caso seja possível.

Nesse sentido, Nicole diz: "No futuro, quando formos discutir um prazo, será muito melhor se você der a si mesmo um pouco mais de tempo do que acha que vai precisar. Tenho certeza de que isso vai tornar sua vida muito mais fácil e menos estressante. Quando completar a tarefa dentro do prazo, o cliente ficará feliz, e eu também. E se você terminar antes do deadline, todos terão uma surpresa agradável."

No exemplo de Nicole é possível enxergar a diferença entre assertividade e agressividade. Mesmo quando fala sobre os sentimentos, ela só menciona os que são ligados ao trabalho. Ela não diz "Você está tentando me irritar" ou "Estou furiosa com essa situação". Se dissesse algo desse tipo, Nicole estaria dando ao funcionário a chance de verbalizar suas respostas emotivas – ou, pelo menos, de começar a pensar nelas. Isso poderia ter desviado o curso da conversa em um piscar de olhos.

Nesse diálogo existe outro aspecto muito importante. Perceba que a pessoa que está sendo assertiva é a chefe, não o funcionário. Quando pensamos em assertividade, podemos pressupor que quem precisará dessa ferramenta será sempre o subordinado. Mas o fato é que chefes também precisam ser assertivos. Assertividade não tem a ver com poder. Tem a ver com respeito próprio. Tem a ver com defender suas crenças e seus desejos, com base em quem você é como ser humano e como profissional. Uma vez que chefes têm esse direito como qualquer outro profissional, a assertividade é uma habilidade essencial.

UM OLHAR MAIS ATENTO SOBRE AS TÁTICAS DE ASSERTIVIDADE

A mensagem assertiva em três partes é uma excelente fórmula básica para qualquer comunicação empresarial, mas seria simplista dizer que ela é tudo o que você precisa saber sobre táticas de assertividade. Usando como base essa fórmula em três partes, vamos lançar um olhar mais atento sobre as táticas de assertividade.

O que acontece, por exemplo, se a pessoa com quem você está falando se mostra resistente? No diálogo que acabamos de apresentar, o que Nicole deveria ter feito se o funcionário discordasse dela, talvez até de forma agressiva?

Ocorre que certas pessoas simplesmente não gostam de receber feedback e tendem a levá-lo para o lado pessoal. Enxergam as coisas de determinada forma e resistem a mudanças. Se alguém tem que mudar, elas querem que seja você. Mas uma pessoa assertiva sabe lidar com essa situação. Se você está tratando com um indivíduo inflexível, uma boa tática é usar você mesmo um pouco de inflexibilidade.

Isso significa expressar suas necessidades de maneira calma, firme e clara. Se o funcionário de Nicole disser "Eu não dei um prazo curto e irrealista", Nicole deve dizer: "Embora o prazo não pareça irrealista, o trabalho não foi finalizado. No futuro, *quero que você dê mais tempo a si mesmo*." Se o funcionário disser "Mande o cliente ficar calmo", Nicole deve dizer: "A melhor forma de acalmar o cliente é terminar o trabalho no prazo. No futuro, *seria melhor que você desse a si mesmo um pouco mais de tempo*." É uma questão de repetir a mesma frase exatamente da mesma forma até a outra pessoa captar a mensagem (passe por cima de quaisquer desculpas, argumentos ou tentativas de mudar de assunto). Mantenha a calma e atenha-se à sua mensagem. Sempre respeite os direitos da outra pessoa e faça a si mesmo as seguintes perguntas:

- Como posso transmitir minha mensagem da maneira mais clara?
- Como posso ser mais específico no que tenho a dizer?
- Como posso evitar que a outra pessoa desvie a conversa?

Como a maioria das pessoas, às vezes você pode sentir remorso após perceber que perdeu uma chance de ser assertivo. E provavelmente depois você repassa a situação na sua cabeça inúmeras vezes, imaginando o que devia ter falado. Esse exercício mental até pode lhe proporcionar uma breve satisfação – pelo menos até que a situação se repita.

Na vida, ocorrem inúmeras situações – importantes ou não – em que poderíamos ser mais assertivos para nos defender. Tenho certeza de que você é capaz de pensar em vários exemplos que incluem a parte do "Eu devia ter feito/dito isso". Mas, em vez de fantasiar, vamos ver o que você pode fazer na próxima vez que precisar ser assertivo.

Controle a linguagem corporal. Quando você está sendo repreendido ou insultado, é muito fácil deixar o corpo falar em vez da boca; você fica inquieto, mexe a cabeça, encolhe os ombros ou abre um sorriso sem graça. Todos esses são sinais de conciliação, indicadores de que você está prestes a ceder. Eles enfraquecem sua posição antes mesmo de você ter a chance de fortalecê-la.

Mais especificamente, seu primeiro passo deve ser limitar sua *linguagem corporal* o máximo possível e permanecer parado (em pé ou sentado), olhando a outra pessoa nos olhos. Espere-a terminar de falar antes de começar a responder. Não interrompa. Essa é a oportunidade que a outra pessoa tem de falar tudo o que está entalado na garganta. Mas quando for sua vez de falar, não permita interrupções. Isso vale para quem está lidando com o chefe no trabalho ou com alguém numa situação da vida pessoal. Permita que a outra pessoa fale tudo o que tiver para falar, depois deixe claro que você também merece ser ouvido.

Fale na primeira pessoa e use a voz ativa. Defenda-se usando uma linguagem direta. Fale com base no seu ponto de vista. Comece qualquer resposta fundamentando sua frase na primeira pessoa do singular. Diga: "Eu compreendo o seu ponto de vista... você já pensou em...?", "Eu prefiro isso a aquilo outro porque..." ou "Eu acho que...". Frases desse tipo ajudam você a se ater ao assunto e o impedem de fazer ataques pessoais à outra parte. A assertividade não é um concurso de debate nem uma batalha em que a melhor defesa é o ataque. Assertividade é defender suas ações, motivações e opiniões contra ataques frívolos feitos por pessoas que querem diminuir você.

Embora a expressão "sinto muito" pareça se aplicar ao caso, na verdade não se aplica. "Sinto muito" é uma expressão passiva, e você deve evitar a passividade ao tentar se defender. O mesmo vale caso você descubra que cometeu um erro. Devemos admitir nossos erros de maneira rápida e enfática. No entanto, nunca peça desculpas por se defender; você pode pedir desculpas *depois* por ter dito algo desagradável no calor do momento (evite essa situação com seu chefe a todo custo), mas nunca por se defender.

Encerre o caso. Imagine que alguém começou uma discussão tentando diminuir você, menosprezar seu ponto de vista. Caso isso aconteça, assuma o controle da situação e encerre o caso. Se para isso for preciso dar um ultimato, vá em frente. Outra possibilidade é simplesmente aceitar a situação como está e dizer: "Eu tenho uma opinião muito firme quanto a isso, então por que não mantemos as discordâncias como estão e cada um segue o seu rumo?"

No geral, pessoas que menosprezam as outras não esperam encontrar resistência nem sabem o que fazer quando são confrontadas. Quando perceber que pode acabar provocando em alguém uma reação desconhecida, ou talvez uma reação que leve você a se sentir inseguro, encerre a situação antes de acabar descobrindo que reação é essa. Reafirme sua posição, se necessário, para transmitir a sensação de que você acredita em si mesmo e em seus talentos. Para isso, sugira uma solução ou, se puder conviver com isso, faça um acordo para chegar a um meio-termo. Esforce-se para encontrar uma solução e não vá com tudo em busca do acordo.

AS IDEIAS DE DALE CARNEGIE

É interessante, e até inspirador, perceber como Dale Carnegie compreendia plenamente o funcionamento das táticas de assertividade na década de 1930. Até hoje não surgiu um estrategista em assertividade melhor do que ele. Talvez Carnegie não tenha usado exatamente a palavra "assertividade", mas ele tinha um profundo conhecimento da assertividade e de como colocá-la em prática. Basta ler o que ele escreveu para ter certeza disso.

Entrevista com assertividade

Uma experiência importante e recorrente na vida de todo adulto é uma entrevista relacionada a um objetivo muito desejado. Pode ser para um emprego, um empréstimo ou uma chance de inscrever seu filme amador num festival ou numa competição. Essas entrevistas podem ser momentos decisivos para a sua vida como um todo, portanto você quer que elas se desenrolem da melhor maneira possível. Na verdade, é justo dizer que você precisa que elas corram da melhor maneira possível. Então vamos ver o que você pode fazer.

Prepare-se: De todas as dicas sobre entrevistas que podemos dar, "preparação" é a palavra-chave e a parte mais importante de todo o processo. Com uma boa preparação, tudo ocorre conforme o planejado e você alcança o resultado que deseja. Sem preparação, o resultado almejado é *impossível* – em parte porque você nem sequer sabe ao certo qual deveria ser o resultado. Como escreveu Lewis Carroll, "se você não sabe para onde ir, qualquer caminho serve".

Antes de qualquer entrevista, faça uma pesquisa para obter algumas informações básicas sobre a pessoa – ou as pessoas – com quem você conversará. Se estiver se candidatando a um emprego, para que tipo de empresa vai trabalhar? Qual é a história dela? Quem são os fundadores? Qual é a missão da empresa? Como a missão da empresa se expressa em sua forma de fazer negócios no mundo real? Essas informações lhe darão uma base para responder com inteligência a perguntas que serão feitas durante a entrevista.

Sua pesquisa deve incluir questões e exigências ligadas ao cargo. Você certamente não quer ser pego de surpresa por uma pergunta traiçoeira feita pelo entrevistador, certo? Mas na verdade isso só acontece se você não estiver bem preparado.

Uma boa técnica é: se olhe no espelho! O que poderia ser mais simples? "Entreviste a si mesmo", dando atenção especial aos pontos fracos na sua aparência, na sua linguagem corporal e no seu conhecimento sobre os assuntos relevantes. Demonstrar confiança e assertividade *é*, sem dúvida, a parte mais importante de uma entrevista. Qualquer entrevistador vai gostar de ver que você é seguro de si e que sua grande autoconfiança é um reflexo de suas verdadeiras habilidades.

Tenha a aparência correta. Seguindo o mesmo conceito observado na preparação de um currículo, sua aparência terá um papel fundamental na tentativa de criar uma boa imagem. Ninguém espera que o empregador esteja usando tênis de corrida e calça jeans na hora da entrevista, então por que devemos nos vestir dessa forma? Vista-se de forma apropriada para o cargo que almeja. Cargos administrativos e de chefia exigem roupa social para homens e mulheres. Não exagere, mas é melhor parecer formal demais do que excessivamente casual.

Táticas vencedoras. A seguir, listo três coisas simples que você deve fazer quando entrar no local da entrevista e se encontrar com a pessoa com quem conversará.

- Apresente-se falando seu nome claramente.
- Faça contato visual direto com o entrevistador. Coloque uma expressão simpática no rosto!
- Dê um aperto de mão firme – um pouco mais firme do que você acha que deveria ser.

Por outro lado, cuidado com os seguintes comportamentos:

- Sente-se com as costas eretas e evite uma postura desleixada. Uma boa postura demonstra confiança e energia.

- Fique parado! Mãos ou pés que não param quietos sugerem nervosismo.
- Pense antes de falar. Tome a decisão consciente de sempre esperar antes de responder a uma pergunta. Um segundo que seja já ajuda muito quando você está tentando organizar seus pensamentos.

A não ser que você seja entrevistado por uma pessoa muito criativa ou excêntrica, certas perguntas certamente surgirão.

Toda entrevista de emprego conta com uma série de perguntas elaboradas para um candidato específico, mas a maioria ainda é composta de perguntas genéricas que podem ser feitas em praticamente qualquer situação, seja na entrevista de um candidato a uma vaga de professor de jardim de infância ou de doutorado.

A seguir, listo algumas dessas perguntas para lhe dar uma ideia do tipo de questionamento que pode surgir numa entrevista. É importante responder com sinceridade, atenção e clareza.

- Qual sua experiência nesse cargo?
- Além da experiência, o que o torna um candidato acima da média?
- Onde você se vê daqui a cinco anos?
- Por que quer trabalhar na nossa empresa especificamente?
- Que habilidades específicas você pode trazer para esta empresa?

Demore o tempo apropriado para responder a cada uma dessas perguntas. Mais uma vez, parecer confiante é fundamental, mas sem dar a impressão de que você acha que a vaga já é sua. Entrevistadores sempre percebem isso, e a complacência pode prejudicá-lo. Dê o melhor de si durante toda a entrevista, até o fim.

Existem diferentes níveis de entrevistas, desde as preliminares até a seleção final. Cada estágio vai lhe impor diferentes níveis de dificuldade e exigirá preparações distintas. Mas com esses conhecimentos básicos você estará preparado para encarar qualquer situação numa entrevista.

COMECE AS REUNIÕES DE FORMA POSITIVA

Na maioria das reuniões empresariais, um pré-requisito para o sucesso é a assertividade sem agressividade de ambas as partes. Para se conseguir isso, Dale Carnegie sugere começar a conversa com um elogio sincero. Para quê? Para quase tudo! Em resumo, para começar de forma positiva. Antes da reunião, pense com cuidado em como fazer isso. Não há por que transformar um elogio num discurso ou num pronunciamento formal. Basta mencionar algo que criará uma conexão positiva logo de cara. Se você nunca teve contato com a outra pessoa, diga algo positivo sobre a empresa, sobre um colega que os dois conhecem, sobre a comunidade local, sobre quase qualquer coisa (a única exceção talvez seja o tempo). O ideal é que você se refira a algum projeto bem-sucedido no qual vocês dois tenham trabalhado no passado. Mas que fique claro, novamente, que isso não é fundamental. O que importa é dizer algo em tom positivo. Se não conseguir pensar em mais nada, expresse seu apreço pelo fato de a reunião ter sido marcada.

USE UMA ABORDAGEM INDIRETA

Se o motivo da reunião é discutir um erro ou uma discordância, aborde o tema de maneira indireta. A abordagem indireta é outro dos princípios perspicazes de Dale Carnegie. Como Carnegie compreendeu tão bem, é um erro confundir assertividade com falta de tato e até grosseria. Sair acusando alguém de ser incompetente ou de fazer algo errado é quase sempre uma tática errada. Isso só faz com que a outra parte fique na defensiva, e quando isso acontece é praticamente impossível progredir.

Como sugeriu Carnegie, vale a pena falar sobre seus próprios erros antes de criticar a outra pessoa. Ao dar feedback, uma abordagem assertiva foca em soluções futuras. Erros do passado devem ser vistos como placas apontando na direção de um desempenho melhor no futuro. O foco deve ser sempre em experiências e critérios objetivos, não nos pontos fracos das pessoas.

Imagine, por exemplo, que uma gerente de vendas está conversando com um de seus representantes. Ela está muito preocupada com o desempenho recente do funcionário. "Sua produtividade caiu muito nos últimos tempos", diz ela. "Por quê? O que está acontecendo com você?"

Para o representante, perguntas como essas são muito difíceis de responder. As perguntas são muito abertas e pessoais. Tratam de quem o representante *é*, não do que ele *tem feito ou não no trabalho*. "O que está acontecendo com você?" traz à tona assuntos que deveriam ser abordados numa sessão com um psicoterapeuta. Esse não é o tipo de linguagem a se usar numa discussão profissional.

Para uma abordagem muito mais produtiva, a gerente pode dizer algo como "No mês passado você foi um dos nossos melhores funcionários, mas ultimamente parece que seu desempenho caiu. Sei que essas coisas acontecem, porque já vi flutuações desse tipo no meu próprio trabalho. Você tem ideia do que pode ter causado essa mudança?".

Nessa fala, a ênfase está no que de fato aconteceu, não nas questões subjacentes. Perceba também que a gerente cria empatia com o representante ao mencionar que já passou por algo parecido. Isso não é uma fraqueza por parte da gerente, mas um comportamento assertivo no melhor sentido da palavra.

QUESTIONAR EM VEZ DE ORDENAR

Como outra tática de assertividade, Dale Carnegie enfatizava os benefícios de fazer perguntas em vez de dar ordens diretas. Se um chefe diz a seu subordinado "Todos os dias eu quero ver uma lista de todas as ligações que você fizer até o meio-dia", é compreensível que o subordinado fique na defensiva. Sempre que um adulto é tratado como criança, há resistência.

Uma tática mais genuinamente assertiva seria dizer algo assim: "No meu próprio trabalho, percebi que uma boa gestão do tempo está sempre ligada à produtividade. Quando eu mantenho um registro da forma como estou usando meu tempo, costumo ter resultados muito melhores. Já tentou fazer um acompanhamento de como usa seu tempo? Por que não tenta fazer isso por uns dias? Se quiser, podemos analisar o resultado disso juntos e ver que conclusões podemos tirar."

Isso é assertividade real em ação. Existe uma repreenda implícita, mas ela é cercada de empatia e encorajamento. Enquanto uma abordagem agressiva faz com que o problema pareça obscuro e misterioso, o diálogo assertivo o traz à superfície, onde ele parece fácil de corrigir. Em vez de se sentirem ameaçadas, as pessoas vão se sentir felizes em fazer o que você sugere.

Embora seja difícil discordar quando as sugestões são dadas dessa forma, o processo não acaba por aqui. Sempre que der uma orientação construtiva, faça elogios ao perceber qualquer melhoria, por menor que seja. Dessa forma, uma pessoa que se sentiria diminuída pelas críticas passa a ter uma boa reputação e procura zelar por ela.

TERMINE A CONVERSA NUM TOM POSITIVO

Dale Carnegie esclareceu todos os pontos abordados até aqui em sua obra pioneira sobre comportamentos e relações interpessoais. Mas ele teve um outro insight que costuma ser ignorado por pessoas que confundem táticas assertivas com comportamento agressivo. Sempre que você precisa lidar com uma situação negativa ou fazer qualquer crítica, o fim da conversa é fundamental. Jamais permita que a discussão termine num tom negativo. Não deixe que a outra pessoa saia se sentindo diminuída ou vitimizada. Por incrível que pareça, isso é especialmente necessário quando sua crítica é bem justificada, pois nessa situação a pessoa pode se sentir muito culpada e desanimada. Sempre dê ao outro a oportunidade de se justificar. Sempre permita que ele recue da conversa de forma honrosa. Isso vai abrir a porta para que a próxima interação entre vocês seja um recomeço. Terminar a conversa num tom negativo deixa uma sensação prolongada de negatividade – e, acima de tudo, uma conversa assertiva deve ser uma experiência positiva para todos.

OBSERVE AS REAÇÕES

Nos dois primeiros capítulos definimos o que é a assertividade e mostramos como ela é diferente da agressividade e da passividade. Falamos sobre como desenvolver a assertividade do ponto de vista estratégico, através do entendimento dos assuntos envolvidos e de exercícios que você pode fazer antes de colocar a assertividade em prática no seu dia a dia. Neste segundo capítulo, estamos estudando as aplicações táticas da assertividade nas situações de trabalho atuais e vimos como Dale Carnegie previu essas situações em seu primeiro livro. Antes de começar a tratar detalhadamente da assertividade nos próximos capítulos, vamos analisar algumas das reações que podem acontecer quando você usa a assertividade como base para suas comunicações profissionais. Saber reconhecer essas reações e lidar com elas é fundamental. Do contrário, mesmo que se comporte de modo assertivo com a outra parte, talvez você não obtenha a mudança desejada após o fim da conversa.

De longe, a reação negativa mais comum à assertividade é a agressão pura e simples. Às vezes a pessoa ergue o tom de voz, fica roxa de raiva, dá um soco na mesa e faz todo tipo de ameaça e intimidação. Em casos assim, o desafio é não se deixar influenciar por esse tipo de comportamento. Expresse seu direito de se manter neutro nessas situações. Se você fez seu trabalho estratégico antes da conversa, pode ter certeza de que está em seu direito. Portanto, não há motivo para pedir desculpas ou recuar. Você pode dizer que lamenta ver que a outra pessoa está irritada, mas deve reafirmar sua posição. Uma das coisas mais perigosas a respeito da raiva é o fato de ela ser altamente contagiosa. Você precisa criar imunidade contra a raiva dos outros se mantendo sempre consciente de quão contagiosa ela pode ser.

E lembre-se: mesmo que as pessoas não fiquem raivosas na sua presença durante a conversa assertiva, não permita que elas saiam sem antes esclarecer quaisquer desentendimentos ou sentimentos negativos. Do contrário, é possível que elas passem a expressar a raiva que sentem de você para outras pessoas no ambiente de trabalho, não na sua frente. Além de ser mais difícil de lidar com essa situação, esse tipo de comportamento abala o moral da equipe.

Talvez você ouça boatos de que tem gente reclamando de você pelas costas. De início, a melhor tática é simplesmente ignorar esse tipo de coisa. Caso persista, é melhor ter outra conversa, na qual você aplicará os mesmos princípios da assertividade que estamos discutindo, mas dessa vez certificando-se de fazer com que todo e qualquer sentimento negativo venha à tona antes do fim da conversa, não importa quanta raiva a outra pessoa esteja sentindo – lembrando que, como já vimos, seu desafio é não se deixar contaminar por esse sentimento.

Seja na sua frente ou pelas suas costas, é mais fácil lidar com o comportamento abertamente agressivo do que com a reação de uma pessoa passivo-agressiva a conversas assertivas. Cara feia, autopiedade, meias desculpas e até choro são reações muito comuns no segundo caso. Mais uma vez, demonstre empatia, mas não recue. Simplesmente repita sua mensagem principal de forma tranquila, mas firme, por maior que seja o drama que você precise enfrentar.

Alguns indivíduos reagem à assertividade com provocações para tentar enfraquecer seu argumento e sua posição. Quando isso acontece, é importante resolver imediatamente, deixando claro que você está vendo o que a outra pessoa está fazendo e reafirmando sua posição. Caso vocês não estejam sozinhos, é melhor chamar a pessoa num canto em vez de tentar resolver o problema publicamente.

COMO LIDAR COM A NEGAÇÃO

Às vezes você lidará com pessoas que vão simplesmente negar tudo o que você está dizendo. Você pode ser acusado de inventar um problema que não existe. Essa é uma situação complicada, porque estamos falando de duas interpretações opostas da realidade. A outra pessoa pode acreditar de fato que você está completamente enganado. Se for esse o caso, peça desculpas por qualquer erro hipotético de sua parte. Sua resposta deve ser algo assim: "Eu lhe disse qual é meu ponto de vista da situação. Posso compreender que pareça diferente para você, mas, com base na minha percepção, mantenho o que disse."

Se o assunto da conversa for delicado, é possível até que a outra pessoa apresente algum problema de saúde na hora. Ela pode se sentir fraca, por exemplo, ou reclamar de falta de ar ou de uma súbita dor de cabeça. Isso não costuma acontecer, mas quando você pede a alguém que mude de comportamento, é preciso estar preparado para todo tipo de surpresa. Seja como for, no ambiente de trabalho é preciso levar a sério qualquer alegação de sintomas físicos, sobretudo se você está em uma posição de chefia. As questões jurídicas e legais a respeito disso são tão delicadas que você deve oferecer assistência médica sempre que alguém mencionar estar manifestando qualquer tipo de sintoma. Mesmo que talvez não seja nada grave, sempre há a chance de ser. Seja como for, ao se precaver, você estará se protegendo de qualquer problema na esfera jurídica.

Até aqui falamos sobre pessoas que se defendem das intervenções assertivas. Essa defesa pode ter a forma de uma agressão direta, de um comportamento subversivo pelas suas costas ou de reações passivo-agressivas. Na outra ponta do espectro, existem pessoas que não só vão concordar com você como vão pedir desculpas a cada cinco segundos. Essa reação pode ser uma forma muito eficaz de jiu-jitsu interpessoal. Se você não souber lidar com esse comportamento, ele pode se tornar um grande problema. A melhor resposta nesse caso é dizer, com toda a calma, que não é preciso pedir desculpas mais de uma vez, e em seguida reiterar que tudo o que você disse é justo e apropriado.

Se você mantiver em mente essas reações táticas, verá que seu comportamento assertivo trará os melhores resultados. É possível que a outra pessoa fique surpresa ou até chocada no começo, sobretudo se no passado você não era conhecido por ser uma pessoa assertiva.

Existem algumas formas de explicar por que certas pessoas têm tanta dificuldade em aceitar um comportamento assertivo. Embora a situação esteja começando a mudar, as instituições educacionais costumavam encorajar o comportamento não assertivo. Muitas vezes a assertividade é vista como agressividade, igualando ações corretas a comportamentos antissociais e negativos. Na verdade, se você foi educado de maneira convencional nos últimos cinquenta anos, provavelmente não aprendeu as habilidades e reações que constituem a verdadeira assertividade. No entanto, esses comportamentos podem ser aprendidos, e o esforço vale a pena.

Conforme desenvolver a assertividade, você perceberá que ela tende a neutralizar a ansiedade que muitas pessoas sentem nas mais diversas situações profissionais. Ao aprender, praticar e testar o uso de reações assertivas, você notará uma nítida redução em todo tipo de estresse. Na verdade, aprender a ser assertivo é uma das principais maneiras de tratar a ansiedade hoje em dia.

A assertividade, portanto, pode proporcionar uma liberdade emocional geral. Pessoas que são passivas, inibidas e não assertivas costumam ter dificuldade para expressar emoções como afeição e carinho. Quando aprende a expressar irritação e raiva de forma justificada e a fazer valerem seus direitos de forma firme e direta, você aumenta a chance de criar relacionamentos amigáveis e gentis.

Um dos maiores benefícios de aprender a ser assertivo é o aumento da liberdade e da autoestima que isso lhe proporciona. Ninguém deve ser submetido ao domínio, às reclamações e às agressões dos outros. Só existe um jeito de eliminar essas restrições – sendo assertivo com qualquer um que tente dominar ou reprimir você, sobretudo no ambiente profissional. As pessoas devem ter liberdade para fazer o que quiserem. Neste exato momento, se você não é capaz de ser assertivo numa situação de trabalho, você não é livre. Mas as informações que você receberá nos próximos capítulos mudarão isso para sempre.

A PRÁTICA LEVA À PERFEIÇÃO

É raro encontrar alguém que seja agressivo o tempo inteiro e em todas as situações. Da mesma forma, pouquíssimos indivíduos são completamente desprovidos de assertividade em todas as situações. Em geral, as pessoas se mantêm firmes em certas circunstâncias e se mostram não assertivas em outras. A tarefa é analisar as várias situações e se conscientizar de como você reage em cada uma delas. Observe, peça conselhos e orientação e descubra formas alternativas de agir. Quando você aprender a forma certa de reagir, pode ter certeza de que a prática levará à perfeição. Primeiro, teste sua nova abordagem em exercícios mentais e escritos, e aos poucos comece a usá-la em situações da vida real.

Quando estiver aprendendo a ser assertivo, é importante não se apressar pulando dos exercícios para a aplicação prática no ambiente de trabalho. Vá com calma. Às vezes você se sentirá tentado a dar um passo maior que a perna. Conscientize-se de que sua curva de aprendizado terá altos e baixos. Embora as pessoas geralmente reajam de maneira positiva à sua assertividade, como já discutimos antes, algumas vão reagir de maneira negativa. Quando isso acontecer, lembre-se: você tem o direito de se defender e de reafirmar sua individualidade. Por outro lado, você não precisa ser assertivo o tempo todo, em todas as circunstâncias. O objetivo é ter o poder de ser assertivo e ter liberdade para escolher quando se comportar dessa forma.

Para fechar, a seguir eu listo uma série de perguntas para você ter em mente. Elas o ajudarão a acompanhar o desenvolvimento de sua assertividade. Quando ler as perguntas pela primeira vez, responda simplesmente sim ou não. Algum tempo depois, releia as questões e avalie seu progresso em relação a como você se sentia no passado. Por fim, estabeleça um objetivo e defina onde quer chegar da próxima vez que reler as perguntas.

- ☐ Você é capaz de se manifestar e compartilhar seu ponto de vista quando discorda de alguém que respeita?
- ☐ É capaz de recusar pedidos descabidos de colegas de trabalho, ou até de chefes?
- ☐ Aceita prontamente críticas e sugestões construtivas?
- ☐ Pede ajuda quando precisa?
- ☐ Confia sempre no próprio julgamento?
- ☐ Se alguém tem uma solução melhor que a sua para determinado problema, você aceita?
- ☐ Expressa seus pensamentos, sentimentos e crenças de forma direta e honesta?
- ☐ Tenta buscar uma solução benéfica para todas as partes?

Se respondeu sim à maioria dessas perguntas, você está evoluindo e chegando perto de ter uma abordagem assertiva em relação à vida e à carreira. Os tópicos apresentados nos próximos capítulos o ajudarão a alcançar rapidamente um nível superior de domínio do assunto. Se você não respondeu sim nenhuma vez, então está lendo o livro certo! Por favor, siga em frente. Você descobrirá ideias necessárias e valiosas.

EM AÇÃO

1. Dale Carnegie sugeriu que você sempre comece fazendo referência aos erros que cometeu antes de criticar outras pessoas. Você é capaz de fazer isso? Se não é, o que pode fazer para mudar sua autopercepção e desenvolver a confiança necessária para admitir os próprios erros?

2. Reflita sobre suas habilidades comunicativas. Você dá ordens em vez de fazer perguntas? Se sim, em que situações isso acontece? O que pode fazer para mudar seu estilo de comunicação?

3. Você já sucumbiu a uma intimidação? Se sim, quem o intimidou? O que pode fazer para passar a ter mais firmeza em suas convicções?

4. Elabore uma lista das coisas que você mais valoriza e respeita em si mesmo. Em seguida, liste os atributos que precisa melhorar. Conscientize-se das suas qualidades e, ao mesmo tempo, reserve um tempo para reconhecer onde deve evoluir e para trabalhar esses atributos.

ANOTAÇÕES

3

Desenvolvimento assertivo da afinidade

Comece com elogios e apreciação sincera.

– Dale Carnegie

Nos dois capítulos anteriores, falamos sobre estratégias de comportamento assertivo e sobre como se planejar e se preparar para situações em que você agirá de forma assertiva. Em seguida, falamos sobre abordagens que você pode utilizar quando estiver cara a cara com uma pessoa ou um grupo. A partir daqui até o fim do livro, vamos focar em como usar a assertividade para alcançar resultados específicos ao lidar com as pessoas. Neste capítulo, vamos tratar da primeira das habilidades interpessoais essenciais: o desenvolvimento assertivo da afinidade. Veremos o que precisamos fazer para nos conectarmos com outro indivíduo. Vamos analisar dois elementos em particular: a autoconfiança e a capacidade de construir afinidade.

ASSERTIVIDADE E AUTOCONFIANÇA

Desenvolver autoconfiança e assertividade é muito mais fácil do que você imagina. A maioria das pessoas "não assertivas" não quer se transformar num indivíduo excessivamente dominante. Quando falam sobre ser mais assertivas, o que realmente querem é aprender a:

- Resistir à pressão e ao domínio de pessoas agressivas.

- Defender seus pontos de vista.
- Manter o autocontrole em situações críticas.

A assertividade pura – o dominar por dominar – não é um traço desejável para a maioria das pessoas. Em geral, um estilo agressivo e controlador tende a ser provocado pela insegurança. A maioria das pessoas sabe disso, e essa não é uma característica que elas admiram ou querem para si. No entanto, qualquer um que deseje se tornar mais assertivo deve compreender a personalidade e as motivações típicas de pessoas excessivamente dominantes, que causam muita preocupação em pessoas não assertivas.

Também é fundamental entender a diferença entre liderança e domínio. A verdadeira liderança é inclusiva e proativa. Ela inclui e envolve as pessoas não assertivas em vez de exercer domínio sobre elas. O estilo de gestão dominante é ineficaz em quase todas as circunstâncias. Baseia-se em recompensas e resultados de curto prazo, quase sempre benéficos apenas ao próprio líder dominante, e não é capaz de usar todos os recursos que a equipe tem a oferecer.

Pessoas brigonas e encrenqueiras, que praticam o bullying, são um tipo específico de dominantes. No fundo, são indivíduos muito inseguros. Dominam porque são inseguros demais para permitir que os outros tenham responsabilidade e influência. Esse comportamento geralmente é condicionado na infância e reforçado pela reação de pessoas "seguras" e "não assertivas" ao bullying que eles cometem. O sujeito acaba conseguindo o que quer, seu comportamento é recompensado, e assim o ciclo continua.

De certa forma o bullying funciona, até que um dia para de funcionar. Em geral essas pessoas querem satisfazer a necessidade de fazer as coisas do próprio jeito, de controlar, de alcançar algum status, de manipular, de tomar decisões, de construir impérios, de colecionar símbolos materiais de realização e riqueza, e, acima de tudo, de estabelecer um mecanismo de proteção formado por seguidores que sempre dizem "sim" e obedecem às ordens. Experiências na primeira infância geralmente têm um papel determinante na formação de "bullies" que são vítimas e, ao mesmo tempo, agressores. Pessoas que praticam o bullying merecem nossa empatia, embora isso seja um desafio para qualquer vítima desse tipo de comportamento.

Pessoas não assertivas geralmente não desejam ser muito dominantes, e certamente não querem praticar o bullying com ninguém. Quando a maioria das pessoas expressa a vontade de ser mais assertiva, o que elas realmente estão querendo dizer é que querem aprender a resistir à pressão e ao domínio de pessoas superagressivas. Isso não é tão difícil de alcançar, e com técnicas simples pode até ser prazeroso e recompensador.

Pessoas não assertivas precisam entender qual é seu verdadeiro ponto de partida. O comportamento não assertivo geralmente é um sinal de força, não de fraqueza – e é a escolha mais apropriada para muitas situações. Não cometa o erro de achar que você vai precisar ser cada vez mais e mais assertivo.

Saiba onde você quer estar. Que nível de assertividade deseja alcançar? É provável que você esteja mais interessado em defender a si mesmo e os outros, não em impor suas vontades ao mundo.

Pessoas que não são assertivas por natureza podem alcançar um nível perfeitamente aceitável de mudança com algumas técnicas simples em vez de tentar se transformar em pessoas totalmente diferentes. A seguir, listo algumas ferramentas fáceis de usar para quem deseja desenvolver a autoconfiança e o comportamento assertivo.

Conheça os fatos relacionados à situação e tenha-os sempre à mão. Pesquise. Pessoas dominadoras não costumam se preparar pesquisando os fatos; elas tentam dominar através da gritaria, da reputação e da força da personalidade. Se você apresenta dados que apoiam seu ponto de vista, é improvável que o agressor tenha algum contra-argumento. Quando souber que surgirá uma situação desse tipo e quiser ter alguma influência, reúna fatos, pesquisas, cálculos, dados e números, peça opiniões e prepare-se para citar fontes. Com isso, você fará uma defesa firme do seu ponto de vista e ao mesmo tempo aumentará exponencialmente sua reputação de alguém organizado, firme e assertivo na medida certa.

Antecipe-se ao comportamento das pessoas e prepare suas respostas. Faça um exercício mental para imaginar como a situação provavelmente acontecerá. Prepare suas respostas de antemão para os diferentes cenários que você considera possíveis. Identifique outras pessoas que possam estar presentes para lhe dar apoio e defender seu ponto de vista. Estar bem-preparado aumentará sua autoconfiança e lhe permitirá ser assertivo quando você achar importante.

Prepare perguntas eficazes. Fazer boas perguntas é a maneira mais confiável de tomar a iniciativa. As perguntas mais detestadas por indivíduos dominantes são aquelas profundas, construtivas, incisivas e investigativas – sobretudo quando a pergunta mostra que o indivíduo dominante não refletiu, não deu importância, não se preparou para nada. Exemplos:

- Que provas você tem (para o que está dizendo ou alegando)?
- Quem consultou a respeito disso?
- O que você fez para procurar soluções alternativas?
- Como avaliou (isso que afirma ser um problema)?
- Como vai avaliar a verdadeira eficácia da sua solução se for implementada?
- O que pode falar sobre as diferentes soluções que funcionaram em outras situações?

Não permita que os outros o ignorem. Continue firme. Repita ou parafraseie suas perguntas se elas forem deixadas de lado num primeiro momento.

Recondicione suas reações para lidar com pessoas dominantes. Tente se visualizar tendo um comportamento firme, baseando-se em dados e apresentando provas previamente reunidas. Treine para dizer algo como "Espere um minuto... eu preciso refletir sobre o que você acabou de dizer" ou "Não tenho muita certeza disso. Esse é um assunto importante demais para tomarmos uma decisão apressada". Não ceda por medo de achar que alguém vai gritar ou ter um acesso de raiva.

Acredite que suas habilidades vão funcionar se você usá-las. Pessoas não assertivas geralmente são muito competentes em áreas como processos, detalhes, confiabilidade e cooperação. Todas essas habilidades podem desarmar uma pessoa com personalidade dominante que não tenha justificativas adequadas para seus pontos de vista. Reconheça seus pontos fortes e use-os para defender seus pontos de vista.

DESENVOLVER AFINIDADE É FUNDAMENTAL

Desenvolver afinidade pessoal não só torna as relações profissionais mais agradáveis como também serve de base para interações benéficas para ambos os lados.

Afinidade não é uma palavra que usamos com frequência, mas escolhemos esse termo porque ele se refere a algo muito específico que ocorre entre duas pessoas. Veja uma definição de afinidade tirada de um dicionário: "Um elo emocional ou uma relação amigável baseada em apreço e confiança de ambas as partes, e uma sensação de que as vontades, necessidades e preocupações são mutuamente compreendidas."

Logo de cara, repare em alguns termos na definição que acabamos de ler: *apreço e confiança de ambas as partes*. Palavras desse tipo não costumam entrar em discussões sobre sucesso profissional ou estratégias de negociação. Costumam ser mais usadas em situações ligadas a poder e intimidação. Talvez existam circunstâncias para empregar essas qualidades no mundo profissional, mas elas não fazem parte da categoria das habilidades interpessoais.

Alguns tópicos relacionados ao desenvolvimento da afinidade podem parecer óbvios, mas preste atenção. Você ficaria surpreso se soubesse quantas pessoas criam obstáculos interpessoais sem sequer perceberem.

Quando uma pessoa entra na sua vida, seja por acaso ou formalmente apresentada por alguém, como você escolhe o que falar ou fazer? Ocorre que, para muitas pessoas, isso de jeito nenhum é fruto de uma decisão. Elas simplesmente se deixam levar – se apresentam da mesma forma que se apresentaram para outras no passado. Suas habilidades interpessoais nesse âmbito são mais uma questão de hábito do que qualquer outra coisa.

Mudar isso é o primeiro passo no sentido de construir uma afinidade assertiva. A assertividade é o oposto da passividade, e continuar fazendo o que o deixa à vontade pode ser uma forma de passividade. Portanto, quando conhecer alguém, não faça pressuposições. Tenha em mente que você está lidando com uma pessoa que possivelmente não sabe nada a seu respeito, e não pressuponha que sabe algo sobre ela. A compreensão de que cada indivíduo tem uma criação, um passado e um sistema de valores diferente é fundamental. Portanto, ao conversar com alguém que acabou de conhecer, tenha muito cuidado na hora de emitir opiniões pessoais muito fortes, sobretudo se forem negativas. Faça perguntas abertas, mantenha contato visual e seja um bom ouvinte. Seja positivo em todos os aspectos e procure descobrir interesses e valores que vocês tenham em comum.

Mostre a seu interlocutor que você está empolgado por conhecê-lo. E o mais importante: sorria!

UM SORRISO FAZ TODA A DIFERENÇA

O efeito positivo de um sorriso pode parecer óbvio, mas é fato que sorrir é tão crucial para construir afinidade que precisamos nos aprofundar um pouco no assunto. Literalmente desde o primeiro dia de vida, ver um rosto humano sorridente provoca em nós uma reação extremamente positiva. Isso está embutido na nossa consciência. É universal. É eterno. Então sorria!

Talvez você se surpreenda ao descobrir que, assim como acontece com outras formas de comportamento assertivo, você precisa praticar o sorriso. É isso mesmo! Fique de frente para o espelho e preste atenção na sua aparência. Concentre-se nos olhos. Eles combinam com seu sorriso?

O mais impressionante sobre o sorriso é o efeito que ele causa não só nas pessoas com quem você se relaciona, mas em si mesmo. Quando os músculos do rosto se contraem num sorriso eles causam impacto na produção de neurotransmissores no cérebro. Ao parecer e agir como se estivesse feliz, você pode literalmente se sentir mais feliz. Assim, nunca é demais destacar a importância do sorriso na construção da afinidade. Sorrir é, provavelmente, a melhor coisa que você pode fazer para se conectar com as pessoas e atraí-las. Todo mundo gosta de estar perto de gente feliz e enérgica.

Enquanto sorri para alguém que acabou de conhecer, por que não tenta fazer um elogio genuíno e bondoso? Elogiar é uma arte, e com treino você também melhora essa habilidade. Não precisa ser nada pessoal. Se estiver conhecendo alguém numa cidade em que nunca esteve, diga, por exemplo, que está adorando o tempo que está passando ali. Se a outra pessoa tiver ido à sua cidade, diga algo que faça com que ela se sinta bem-vinda. Se estiver cumprimentando um funcionário novo na empresa, faça um comentário sincero demonstrando que está feliz em tê-lo a bordo. Se for a uma reunião no escritório da outra pessoa, elogie algo pendurado na parede da sala ou exposto na mesa. Você vai encontrar a coisa certa a dizer quando se comprometer em dizer algo positivo sobre a outra pessoa.

FALAR NUM VOLUME ADEQUADO FAZ TODA A DIFERENÇA

Certifique-se de que a outra pessoa consegue ouvi-lo. Em outras palavras, fale. Você não precisa gritar, mas certifique-se de que está falando em voz alta, de forma clara e articulada. Ocorre que muitas pessoas falam baixo e de forma pouco enérgica durante as reuniões. Pode haver vários motivos para isso. Talvez elas não queiram parecer autoritárias. Talvez falar baixo as ajude a manter a calma. Talvez elas achem que essa é uma boa forma de evitar confrontos. Todas essas ideias fazem sentido, mas são escolhas ou só hábitos? Sua entonação vocal normal provavelmente é muito baixa. Talvez isso não tenha importância na maioria das situações, mas você deve ter consciência de sua tendência. Quando necessário, esteja pronto para mudar de forma assertiva.

Você precisa saber variar seu tom de voz para construir afinidade em diferentes situações. Precisa prestar atenção no volume, no ritmo e na entonação. Repito, essas devem ser escolhas conscientes, não comportamentos habituais.

Claro que você também deve prestar atenção no que está dizendo, não só em como dizer. Na verdade, a forma como você fala determinará a forma como será visto. O que você fala geralmente reflete sua capacidade de escuta, e a forma como fala se reflete na sua imagem. A capacidade de se expressar com clareza, energia, diplomacia e tato é fundamental para se construir afinidade de maneira assertiva.

SEJA ESPECÍFICO AO EXPRESSAR SUAS IDEIAS

Não tenha medo de defender suas ideias, mesmo que isso provoque discordâncias. Compreenda a diferença entre ser argumentativo e ser assertivo. Diferenças de opinião não são algo ruim, e podem até ser uma experiência de crescimento saudável e positiva, desde que não rumem para o lado pessoal. O objetivo da discordância assertiva é encontrar soluções para problemas, soluções com que ambas as partes possam concordar. Esse tipo de cenário em que todos saem ganhando leva a uma afinidade muito maior do que se você simplesmente cedesse ou forçasse a outra parte a ceder.

Quando precisar fazer elogios ou dar feedback, vale a pena pensar com cuidado no que você vai dizer, para que seus comentários sejam especícos e construtivos. Com isso, você torna seu elogio mais genuíno e evita que suas críticas pareçam acusações genéricas sobre a personalidade de seu interlocutor. Por exemplo, é melhor dizer "Fiquei impressionado com a forma como você lidou com aquela cliente, ouvindo o que ela dizia em vez de interrompendo" do que dizer "Você é muito bom em lidar com gente difícil". O segundo comentário é genérico e não fornece nenhum feedback específico sobre o que o funcionário fez de correto. Da mesma forma, "Olhando nosso controle de produção, vi que você não cumpriu o prazo de entrega daquele relatório" é mais eficaz do que "Você não sabe fazer uma boa gestão do seu tempo". A segunda frase é genérica demais, é subjetiva e soa como um ataque.

Depois de fazer um elogio ou uma crítica, explique sempre o motivo do seu comentário. Uma boa regra de ouro para fazer críticas construtivas ou dar feedback é, antes de tudo, refletir sobre seus motivos e ter certeza de que você não está simplesmente tentando manipular a outra pessoa. Para se sentirem estimuladas a agir, as pessoas precisam saber os motivos por trás do que você fala. Por exemplo, depois de dizer "Você não cumpriu o prazo de entrega daquele relatório", talvez valha a pena acrescentar "Deve ser porque tem passado mais tempo do que imaginávamos fazendo vendas por telefone. Vamos conversar e descobrir como organizar melhor seu tempo no futuro".

Seja como for, nunca use comentários positivos ou negativos para manipular as pessoas. Nunca diga algo como "Você é a pessoa mais competente e esforçada deste departamento, e achei incrível o trabalho que apresentou na reunião de hoje à tarde. Pode redigir as atas para mim?". Mesmo que não deixem transparecer, os funcionários percebem imediatamente esse tipo de tática. Ela enfraquece o que você acabou de dizer e torna mais difícil que acreditem em tudo o que fale dali por diante.

COMO FALAR SOBRE SEUS FEITOS

Já que estamos analisando como construir afinidade com base naquilo que falamos sobre os outros, vamos lançar um olhar sobre a importância daquilo que falamos sobre nós mesmos. Pessoas assertivas sabem falar bem de si mesmas sem parecer que estão se gabando. Existem muitas maneiras eficazes de fazer isso. Uma excelente forma de se elogiar, por exemplo, é elogiar outras pessoas primeiro. Se alguém lhe diz que está numa certa faculdade e você diz "Nossa, essa é uma ótima faculdade!", é provável que essa pessoa pergunte onde você estudou. O objetivo de construir afinidade foi alcançado, você fez com que alguém se sentisse feliz e, por sua vez, também ficou feliz ao contar onde fez faculdade.

Resista à tentação de exagerar ou supervalorizar os fatos. Dê ênfase ao trabalho duro e ao esforço de outras pessoas para ajudá-lo a alcançar o objetivo. Se foi você quem fechou um grande negócio para sua empresa, você será reconhecido por isso, mesmo que dê crédito aos outros. Na verdade, ao dividir os louros, você será visto como uma pessoa mais confiável, digna de crédito e respeitável.

COMO CULTIVAR O SILÊNCIO ASSERTIVO

Já que passamos tanto tempo argumentando sobre como falar, devemos também dizer algo a respeito do poder do silêncio. O silêncio pode ser uma excelente ferramenta na construção de afinidade. Assim como tudo aquilo que você diz pode ajudá-lo, o que você não diz pode ser extremamente benéfico. Pessoas assertivas e confiantes compreendem a importância do silêncio assertivo.

Você certamente já esteve com pessoas que parecem ter medo do silêncio. É um temor do que pode acontecer se cada segundo não for preenchido com alguma fala. Essa reação também pode resultar do medo de parecer antissocial ou antipático. A questão é que, em certas ocasiões, manter o silêncio não é igual a se recusar a participar de uma conversa. Sobretudo no ambiente profissional, ficar em silêncio não significa ter raiva ou se fechar. Um silêncio apropriado e assertivo significa escolher se manter calado, ouvindo com atenção total e tomando a decisão consciente de só falar quando tiver um propósito claro.

Sobre a importância do silêncio, o que você veste é uma das melhores formas de se fazer entender. Assim como em outras áreas, existe uma diferença entre parecer passivo demais, agressivo demais e se vestir com a assertividade apropriada. Se você se adapta ao ambiente profissional que o rodeia usando as roupas apropriadas, fica mais fácil construir afinidade.

CUIDADO COM VAZAMENTOS

Existe um conceito interessante que perpassa todos os assuntos abordados neste capítulo – como você fala, como se veste, se sorri ou parece desanimado. Esse conceito é o que psicólogos chamam de "vazamentos emocionais". Na interação humana, um vazamento é um comportamento que revela algo que a pessoa está tentando ocultar. Uma olhada rápida no relógio, por exemplo, é um vazamento. Talvez você esteja tentando dar a impressão de que está prestando atenção, mas, se olhar para o relógio (e for pego), deixará transparecer que quer que a conversa acabe rápido. Uma abordagem confiante e assertiva nesse caso seria simplesmente dizer algo como "Infelizmente vou ter que interromper a conversa porque tenho outra reunião daqui a alguns minutos".

TRÊS ESCOLHAS

O comportamento das pessoas em relação às outras pode ser classificado em três tipos: passivo, agressivo e assertivo. E a escolha é sempre sua.

Se você tende a agir de forma passiva, provavelmente quer evitar conflito, muitas vezes deixando de lado suas próprias necessidades.

Se tende a agir de forma agressiva, talvez siga em direção ao outro extremo e crie conflitos sempre que possível para obter o que deseja (e nem sempre consegue).

A maioria das pessoas concorda que, em geral, é melhor evitar esses dois extremos e agir de forma assertiva – é melhor expressar suas vontades e necessidades, mas de maneira razoável e que sempre permita ao outro expressar o que ele sente e deseja.

Se você está numa relação profissional ou pessoal e sente que suas necessidades não estão sendo atendidas ou que a outra pessoa está agindo de modo desagradável, é melhor expressar seus sentimentos e pensamentos de forma assertiva em vez de se retrair passivamente ou de se expressar de forma agressiva.

A seguir, listo algumas dicas específicas para se preparar para uma conversa, discussão ou negociação cujo objetivo é fazer outra pessoa mudar a forma de agir com você.

1. Antes da conversa, escreva um rascunho do que você pretende dizer.
2. No rascunho, descreva a situação ou o comportamento que está criando o problema e que você gostaria que mudasse.
3. Ao descrever a situação, seja específico e dê exemplos de quando esse comportamento veio à tona.
4. Evite exageros ou generalizações. Seja honesto e faça a descrição mais simples e direta possível.
5. Expresse seus pensamentos e sentimentos sobre a situação, deixando claro que eles são seus pensamentos e sentimentos, não a verdade absoluta.
6. Peça mudanças razoáveis, mas que ajudariam a melhorar a sua situação.
7. Escute o que a outra pessoa tem a dizer em resposta – sem necessariamente concordar com o que for falado.
8. Se surgir uma chance de resolver a situação de forma benéfica para ambas as partes, tente explorar essa possibilidade.
9. Se não houver uma opção benéfica para ambos, então decida de antemão a respeito do resultado mínimo aceitável. Esteja preparado para negociar uma solução entre o mínimo e o máximo que você espera.
10. Concentre-se em áreas nas quais você pode chegar a um meio-termo. Pense em sugestões que você pode fazer em troca do seu comprometimento nesses aspectos.
11. Tenha em mente quais serão as consequências e o que você fará se a outra parte não cumprir o acordo.
12. Se a outra parte está disposta a mudar o próprio comportamento de forma construtiva, existe algo razoável que você possa oferecer em troca?
13. Tendo em vista seu relacionamento com a outra pessoa e tudo o que você sabe a respeito dela, reflita de antemão sobre qual estilo de abordagem tem maior chance de instigar uma reação positiva. É melhor exercer um papel encorajador e construtivo e tentar alcançar uma solução em conjunto? Ou será mais produtivo se manter firme logo de cara, deixando bem claro o que você quer e quais serão as

consequências se seus desejos não forem plenamente atendidos? A melhor abordagem varia de acordo com a situação.
14. Quando, onde e como você quer abordar o assunto? O objetivo é ter a maior chance possível de obter uma resposta construtiva. Por exemplo, na maioria dos casos, é melhor falar num momento em que todos podem dar atenção total à conversa, sem distrações.
15. Ao escolher o momento ideal para tratar do assunto, evite ficar adiando para sempre! O momento perfeito provavelmente nunca virá. Se perceber que está postergando demais, então escolha uma ocasião específica para falar e comprometa-se a seguir em frente e cumprir o planejado.

RESPEITO É FUNDAMENTAL

Pense em alguém que faça parte da sua vida profissional e com quem você tenha grande afinidade. Pode ser um colega, um chefe ou um subordinado. Existem diversos motivos para você se sentir dessa forma. Você pode gostar de várias coisas a respeito dessa pessoa, mas num ambiente profissional é muito difícil gostar de uma pessoa se você não tem respeito por ela. É por isso que o respeito é um elemento fundamental da afinidade.

Assim como os outros aspectos da assertividade, o respeito depende de você saber quem é e o que representa para a empresa. Não existe resposta certa. Por exemplo, alguns livros apontam que você jamais deve atender ligações particulares durante o trabalho e que se atende você passa a impressão de que é um empregado descartável. Segundo os autores, você deveria pedir a um assistente que filtrasse as ligações. Na verdade, de acordo com essa ideia seu assistente deveria fazer um monte de coisas, como cuidar da sua agenda, organizar a correspondência e responder a mensagens. Outros autores, porém, dizem que as pessoas passam a ser mais respeitadas quando atendem as próprias ligações ou mandam e-mails e mensagens por conta própria, sem a ajuda de ninguém. Construir respeito próprio e ganhar o respeito dos colegas tem a ver com respeitar as pessoas, saber o que funciona melhor para você, acreditar em si e se sentir à vontade com seu estilo.

OS QUATRO PASSOS PARA SE TORNAR RESPEITADO NO TRABALHO

Para mostrar que é respeitável, você deve ser assertivo ao implementar os passos a seguir. Eles são especialmente importantes no começo ou em fases intermediárias da carreira.

Primeiro, mantenha a agenda cheia. As pessoas mais bem-sucedidas e influentes são ocupadas, leem muito, estão envolvidas em vários projetos, têm muitos contatos e estão sempre fazendo networking. Como alguém de credibilidade e respeito, você deve evitar estar parado. Quando encontrar algo que adora fazer, você naturalmente será envolvido e ficará ocupado.

Segundo, mostre que é uma pessoa respeitável apresentando-se em situações importantes. Procure comparecer a eventos de alto nível. Pessoas que sabem construir afinidade gostam de estar rodeadas por outras pessoas. Gostam de ver e ser vistas. Gostam de fazer contatos, de estar envolvidas. Uma coisa é certa: você não vai construir afinidade se não tiver ninguém ao seu redor. Portanto, seja assertivo e procure socializar com pessoas da sua comunidade profissional.

Terceiro, procure estar na companhia de pessoas bem-sucedidas e respeitadas. Demonstre um interesse genuíno por elas, tanto no nível pessoal quanto no profissional, e aprenda tudo o que puder com elas. Isso pode ajudá-lo a subir de nível e, ao mesmo tempo, causar uma boa impressão duradoura. Quem você conhece é tão importante quanto quem você é. Quando você aprender a criar afinidade com indivíduos de sucesso, ficará impressionado com a quantidade de pessoas que vão querer se aproximar de você.

Em seguida, reflita sobre seu ambiente de trabalho e a aparência dele. É importante ter um escritório limpo e bem arrumado, não só por causa das aparências mas porque isso o ajudará a fazer mais, a ser mais produtivo. Com relação aos móveis e acessórios, procure ser minimalista. Na verdade, com o surgimento de novas tecnologias na comunicação, a importância de ter um escritório diminuiu radicalmente. Tom Peters, um dos mais influentes autores do ramo dos negócios das últimas décadas, recomenda que os gestores passem o menor tempo possível na própria sala. Segundo ele, a melhor forma de desenvolver afinidade é andar de um lado para outro e falar com as pessoas. Reflita sobre qual é a postura mais assertiva que você pode ter em relação à sua sala.

Como se vê, há muito que aprender sobre o desenvolvimento de afinidades. Algumas pessoas têm esse talento naturalmente, enquanto outras vão aprender por meio de tentativa e erro. Algumas vão demorar anos para se tornarem mestres nesse processo. Como uma pessoa assertiva, é claro que você não pode esperar esse tempo todo. No próximo capítulo vamos apresentar alguns exercícios que podem melhorar essa habilidade no menor tempo possível.

EM AÇÃO

1. A descrição ideal de suas relações de trabalho deve ser de "apreço e confiança de ambas as partes". Elabore uma lista de todos os seus relacionamentos profissionais importantes. Quais deles se baseiam em apreço e confiança de ambas as partes? E o mais importante: quais não estão nessa categoria? O que você pode fazer para mudar esses relacionamentos, desenvolvendo a comunicação e a compreensão?

2. Como você fala sobre seus feitos e realizações? Você evita falar abertamente sobre si mesmo? Tende a exagerar ao falar sobre seus feitos? Faça um teste: peça que um amigo o escute enquanto você fala sobre as coisas que mais o deixam orgulhoso. Em seguida, peça a ele um feedback honesto. Pergunte se você pareceu muito envergonhado ou se falou demais. Pergunte como você pode melhorar essa habilidade. Depois, continue treinando até aprender a falar sobre seus feitos de uma forma segura e confiante.

3. Muitas pessoas se sentem desconfortáveis com o silêncio. Você é assim? Se for, da próxima vez que estiver numa conversa, preste atenção nos momentos de silêncio. Tente esticá-los e se sentir à vontade com eles. Repita esse exercício frequentemente até se sentir mais confortável. Anote as percepções que tiver durante o exercício.

4. Os quatro passos para ser respeitado no mundo dos negócios são:
   1. Ter uma agenda cheia.
   2. Estar presente em situações importantes.

3. Estar na companhia de pessoas bem-sucedidas e respeitadas.
4. Manter seu espaço de trabalho limpo e organizado.

Você segue esses quatro passos? Em qual deles precisa melhorar? Quando e como pode começar a melhorar essa área da sua vida? Elabore um plano de ação para isso.

5. O respeito é essencial. Faça uma lista de todos os atributos que você respeita em si mesmo. Depois, faça uma lista daqueles em que precisa evoluir e desenvolva um plano de ação nesse sentido. Agora, pense em alguém que você não consegue respeitar e elabore uma lista de atributos respeitáveis dessa pessoa. Depois de tudo, quando for lidar com a pessoa, preste atenção na forma como lida com esses mesmos atributos e descubra em que aspectos sua postura mudou.

ANOTAÇÕES

4

Táticas para a construção da afinidade assertiva

Dê a outra pessoa uma boa reputação a zelar.

– DALE CARNEGIE

NESTE CAPÍTULO VAMOS CONTINUAR abordando formas de desenvolver afinidade, com ênfase em exercícios que você pode praticar sozinho, além de táticas que pode tentar usar diariamente com as pessoas no ambiente de trabalho.

Mas, antes de tudo, sejamos honestos com relação a um fato muito importante: a maioria das pessoas não assertivas é naturalmente tímida. Algumas são pouco, outras são muito tímidas. Se você tem problemas com a assertividade, é bem provável que não seja uma pessoa naturalmente expansiva, o centro das atenções. E não há nada de errado nisso. Só significa que você precisa ter consciência do seu estilo pessoal. Você precisa equilibrar sua tendência natural com algo que talvez não seja tão natural, mas que pode ser muito benéfico para sua vida e sua carreira.

Por mais introvertido e solitário que você seja, existem pessoas com quem você achará fácil desenvolver afinidade. Na verdade, provavelmente existem várias, quaisquer que sejam suas características individuais. A dificuldade surge quando você precisa desenvolver afinidade com pessoas muito diferentes. Em geral, essas pessoas têm interesses e passados bastante diversos dos seus. São indivíduos que pensam, falam e escutam de maneira diferente de você.

Você certamente vai se deparar com muitas dessas personalidades diferentes ao longo da vida profissional. Quanto mais você sobe em uma organização, mais diversas são as personalidades com que vai se deparar. Para construir uma carreira prazerosa e de sucesso, você pode e deve aprender a criar afinidade com personalidades que o deixam desconfortável, isso sem contar aquelas que o levariam à loucura. Nas próximas páginas vamos analisar alguns tipos de personalidade que você provavelmente encontrará. Em seguida, vamos desenvolver ferramentas e táticas para garantir que esses encontros tenham o melhor desfecho possível.

QUATRO TIPOS DE PERSONALIDADE DIFÍCEIS

Desde os tempos mais remotos, os seres humanos classificam uns aos outros de acordo com certos tipos básicos de temperamento ou personalidade. O sistema dos Quatro Temperamentos – também conhecido como Teoria Humoral – pode ser o mais antigo sistema de caracterização de personalidade, mas, embora antigos, esses princípios ainda são muito úteis e precisos hoje em dia. O sistema surgiu nas doutrinas das culturas egípcia e babilônica, em que a saúde física e a saúde emocional eram conectadas aos quatro elementos – fogo, água, terra e ar. Essas ideias foram refinadas tempos depois pelos gregos, e de lá partiram para dominar o pensamento ocidental sobre comportamento humano e tratamentos médicos por mais de 2 mil anos. O desequilíbrio entre os "humores" se expressava por meio de vários comportamentos e doenças. Os tratamentos buscavam restaurar o equilíbrio.

Com base nesses princípios antigos, vamos analisar quatro categorias de pessoas – quatro tipos difíceis de personalidade que podem criar dificuldades para o desenvolvimento da afinidade. Embora não reflitam todos os tipos de desafios relacionados à personalidade de colegas que você pode encontrar no ambiente de trabalho, cada um desses tipos apresenta questões específicas relacionadas à construção de afinidade. Você certamente terá mais facilidade para lidar com uns do que com outros, e isso dependerá de sua própria personalidade. A seguir, algumas perguntas que você deve fazer a si mesmo ao longo da leitura desse panorama:

- Em qual categoria eu me encaixo melhor?
- Que dificuldades eu crio para as pessoas que tentam estabelecer afinidade comigo?
- E o mais importante: assim como eu tento encontrar maneiras de me dar bem com as pessoas, o que posso fazer para que elas se deem bem comigo?

O carreirista

O primeiro tipo de personalidade que vamos discutir é o das pessoas que muitas vezes são descritas como de alto desempenho, que querem alcançar o topo. Vamos chamá-las de carreiristas. Elas enxergam as relações profissionais como uma hierarquia e estão determinadas a chegar ao topo. Mesmo que ainda não tenham atingido esse objetivo, elas farão de tudo para estar um degrau acima de você na escada corporativa.

Existem homens e mulheres que enxergam a vida como um jogo de soma-zero: para eu ganhar, você tem que perder. Cada reunião, telefonema, e-mail ou tarefa é uma oportunidade para dominar e intimidar.

Nunca é fácil criar afinidade com pessoas assim e a tarefa é ainda mais difícil se você está no mesmo nível ou num nível hierárquico inferior ao dessa pessoa. Mas esse tipo de personalidade é tão comum entre gestores no topo da cadeia hierárquica que é melhor simplesmente aprender a se dar bem com gente assim. Mas como?

Primeiro, tenha em mente que os padrões de comportamento do carreirista se baseiam nas necessidades do ego. Algumas dessas pessoas acreditam secretamente que são inferiores a todos a sua volta, enquanto outras têm certeza de que são superiores. Na prática, isso não importa. Sua tarefa principal é encontrar formas de satisfazer essas necessidades egocêntricas. Quando você faz isso da forma correta, os carreiristas se sentem tão gratos que se tornam surpreendentemente complacentes com você. Resumindo, eles passam a gostar de você. Eles gostam do fato de você enxergar o mundo do jeito que deveria ser – com eles no topo. Se você criar esse tipo de afinidade, ficará surpreso ao descobrir como um carreirista pode ser amigável.

Falando parece simples, mas a parte difícil de lidar com o egocentrismo de um carreirista é deixar de lado as necessidades do seu próprio ego. Vejamos como isso funciona no seguinte exemplo:

Randall é dono de uma empresa que fornece material de construção no mundo todo. Não é um trabalho glamoroso, mas com o passar dos anos a empresa se tornou muito bem-sucedida. Randall é um chefe discreto, na dele. Em vez de passar seu tempo em clubes ou tirando almoços de duas horas, ele gosta de mergulhar nos detalhes do negócio. Um dos vice-presidentes da empresa de Randall é um homem chamado Ben, um tipo de pessoa muito diferente de Randall. Ben gosta do poder e do prestígio que tem por ocupar um cargo de alto escalão numa empresa de sucesso. Gosta de ir a restaurantes, a torneios de golfe e a eventos do ramo, algo que Randall costuma evitar. Randall não se importa. Ele sabe que gosta de ficar longe dos holofotes, mas também enxerga o valor de alguém como Ben, que torna a companhia presente nesses espaços.

Certo dia, porém, aconteceu uma coisa surpreendente. Um amigo de Randall conversou em particular com ele e revelou que Ben vinha agindo como CEO da empresa. Ele não chegava a falar isso com todas as letras, mas em situações sociais Ben passava a impressão de que era o chefão. Quando Randall ouviu isso, agradeceu ao amigo pela informação e disse que falaria com Ben sobre o assunto.

De início Randall ficou surpreso ao descobrir que Ben vinha mentindo sobre o próprio cargo, mas ao refletir sobre o assunto a surpresa foi perdendo força. Afinal, Ben era uma pessoa que precisava se sentir o chefão. Não seria tão bom para a empresa caso não fosse assim. Como ele de fato se mostrava útil e competente, provavelmente seria preciso ceder certo espaço para as necessidades egocêntricas de Ben. E como essas necessidades certamente não desapareceriam, a única alternativa seria demiti-lo.

Naquela mesma tarde Randall pediu a Ben que comparecesse à sua sala. Após conversarem um pouco sobre assuntos gerais, Randall revelou o rumor relatado por seu amigo. "Acabei de ouvir uma coisa muito estranha", começou Randall. "Soube que você vem dizendo às pessoas que é o presidente da empresa, que ocupa o meu cargo."

Assim que as palavras saíram da boca de Randall, Ben ficou tenso. Tinha sido pego e sabia disso. Ficou na defensiva, uma posição na qual não gostava de se encontrar. Randall tinha que admitir que sentiu certa satisfação em colocar freio naquele carreirista. Ao mesmo tempo, porém, Randall decidira não entrar numa guerra de egos com Ben. Queria que Ben parasse de mentir sobre o cargo, mas também queria que Ben permanecesse na empresa, pelo bem da própria companhia.

Enquanto Ben se remexia na cadeira, Randall disse algo que Ben não esperava: "Para ser sincero, não estou surpreso, porque de fato existe grande parcela de verdade nisso. Nós dois sabemos que sua contribuição é enorme aqui. Na verdade, seu esforço é responsável por grande parte do nosso sucesso."

Enquanto Ben tentava pensar no que dizer, Randall prosseguiu: "O problema é que você cria uma confusão ao falar o que vem falando, mesmo que exista um quê de verdade nisso. Também me provoca certa mágoa. Portanto, quero lhe pedir que pare com isso, pelo meu bem e pelo bem da empresa. Nós dois sabemos como você é valioso aqui, e isso é o que realmente importa. Entende o que quero dizer?"

Ben ainda não tinha certeza de que havia entendido o que Randall estava dizendo, mas isso não importava. Por um lado, estava extremamente grato por não ter sido demitido. Por outro, seu ego queria acreditar que as palavras de Randall eram verdadeiras. De qualquer modo, Ben decidiu parar com esse comportamento imediatamente. Dizer que sentiu afinidade com Randall seria eufemismo. Ele sentiu uma gratidão profunda, e também um pouco de medo dele, algo que nunca tinha vivenciado antes.

De modo geral, o que o carreirista quer, mais que tudo, é reconhecimento por seus talentos e contribuições. Como já dissemos, esse desejo pode estar fundamentado numa insegurança ou num egocentrismo genuínos, mas não cabe a você descobrir a origem. Você é empresário, não psicanalista. Não entre numa guerra de poder com o carreirista. Se ele está sendo útil para a empresa, diga isso a ele. Sem dúvida, essa é a melhor forma de estabelecer afinidade com pessoas egocêntricas.

Dito isso, também temos que encarar o fato de que às vezes carreiristas não lhe deixam alternativa a não ser afastá-los, e você precisa ser capaz de fazer isso, caso contrário eles vão engolir você. Do ponto de vista histórico, um dos grandes carreiristas do século XX foi o general George S. Patton. No começo da Segunda Guerra Mundial, Patton fez um grande trabalho comandando as tropas americanas no norte da África e na Sicília. Na verdade, saiu-se tão bem que começou a agir mais como um rei do que como um general. Na época, os planos para a invasão da Normandia, em junho de 1944, já estavam a pleno vapor. O general Dwight Eisenhower se deu conta de que não podia confiar em Patton numa operação tão grande como aquela, por isso simplesmente o excluiu da invasão. Num ato que exigiu de Eisenhower grande liderança e coragem, ele simplesmente jogou Patton para escanteio. Patton se sentiu furioso e humilhado, mas Eisenhower compreendia bem os pontos fortes e fracos da personalidade carreirista. Logo após a invasão da Normandia, ele imediatamente começou a reconstruir a afinidade com Patton e ofereceu a ele o comando de uma grande quantidade de tropas na Europa. Patton ainda estava furioso, mas não foi capaz de resistir ao osso que Eisenhower havia lhe atirado. Com um carreirista, é sempre assim: você precisa fazer com que ele se sinta importante, mas às vezes tem que colocá-lo na casinha do cachorro por algum tempo.

O agente secreto

O tipo de personalidade oposta à do carreirista não é a que você talvez imagine. Não é alguém com baixa autoestima, que vive escondido, mas uma personalidade que vamos chamar de agente secreto. O agente secreto tem as mesmas necessidades egoicas que o carreirista, mas deixa isso muito menos evidente. É o tipo de pessoa que quer subir na carreira e ser promovido, mas de forma discreta. No ambiente corporativo, agentes secretos são muito astutos e territorialistas, sabem fazer política. Para ganhar a confiança deles, você precisa deixar claro que não pretende diminuí-los ou passá-los para trás – o que é muito diferente do que deseja um carreirista, que busca elogios e reconhecimento. Você não precisa dar nada de positivo ao agente secreto, mas precisa garantir que não tem em mente nada de negativo para ele. Agentes secretos ficam em estado de alerta para qualquer invasão de território.

Quando falamos sobre Ben, o carreirista, vimos como ele teve problemas por falar demais – ou melhor, por falar a coisa errada. Um agente secreto raramente vai se comportar dessa forma. O problema desse tipo de personalidade é que ele não fala o suficiente. Ele não diz o que você precisa saber. Ele retém informações para, sendo o único a possuí-la, aumentar o próprio senso de importância.

Por isso o objetivo ao desenvolver a afinidade com agentes secretos é levá-los a se abrir, criar neles confiança suficiente para que se sintam à vontade e deixem de lado a discrição habitual. A melhor forma de lidar com um agente secreto é fazer o maior número de perguntas possível. Ao mesmo tempo, sempre deixando claro que você não tem nenhum objetivo secreto com relação às informações que deseja receber, não tem a menor intenção de usá-las para aumentar sua influência na empresa e certamente não deseja prejudicá-lo de forma alguma.

Agentes secretos raramente alcançam os cargos mais elevados de liderança das empresas. Em geral, esses cargos são ocupados pelos carreiristas. Na verdade, porém, os agentes secretos não *querem* ser os líderes oficiais. Eles querem ter seu feudo particular, onde podem exercer o poder absoluto longe dos holofotes. Portanto, não precisa esconder suas ambições quando estiver falando com um agente secreto. Pelo contrário: deixe o agente secreto saber que você está mirando o topo e diga que conta com ele ou ela para ocupar um lugar importante por trás do trono.

O empolgado

Até aqui falamos sobre como criar afinidade com personalidades que podem ser chamadas de "difíceis". Com o carreirista e o agente secreto, fica nítido de cara que precisamos fazer ajustes no nosso estilo pessoal. Para desenvolver afinidade com essas pessoas, você precisa entender as necessidades delas e descobrir como satisfazê-las. Mas existe outro tipo de pessoa, o empolgado. O empolgado parece simpático, obediente, louco para agradar, e, em comparação com o carreirista e o agente secreto, você precisa de habilidades interpessoais totalmente diferentes para lidar com eles.

Em geral, os empolgados são novos na empresa. Estão ansiosos para absorver a cultura da empresa, sair para almoçar com todo mundo, trabalhar duro e ser promovidos. Se você trabalha há um tempo na empresa, já sentiu como é ter um empolgado olhando para você com indisfarçável admiração. A questão é: como lidar com esse comportamento? Você pode deixar para lá, se sentir lisonjeado ou tentar tirar vantagem do empolgado. Do ponto de vista da construção da afinidade, porém, o melhor a fazer é reconhecer os pontos fortes do empolgado, mas também os fracos. Pessoas assim de fato têm muitos pontos fortes. Elas têm bastante energia, geralmente são bem inteligentes e vestem a camisa da empresa.

Uma coisa a se ter em conta ao lidar com um empolgado é: ninguém, ou quase ninguém, permanece empolgado para sempre. Você precisa saber disso não só pelo bem da empresa como pelo seu próprio bem. Se você destrata um empolgado, ele pode rapidamente mudar da água para o vinho. Pode deixar de ser extremamente útil e eficiente e se tornar quase inútil. Pode deixar de ser empolgado e ingenuamente confiante e se mostrar magoado, deprimido, quase paralisado. Tudo isso depende de quão bem você entende essas pessoas e de como utiliza esse entendimento.

Nos últimos anos têm surgido diversos casos de jornalistas de grandes meios de comunicação que se metem em problemas por inventar ou plagiar histórias. Um dos casos mais conhecidos é o de um jovem repórter do *The New York Times* que parece ser um caso clássico de empolgado. Dentro da cultura altamente competitiva da redação de um jornal, ele se apresentou como alguém disposto a trabalhar o dobro que os colegas. Era o primeiro a chegar de manhã e o último a sair à noite. Na verdade, em várias noites ele nem sequer foi embora. Estava literalmente vivendo na mesa de trabalho, redigindo as matérias em seu computador.

E como os chefes lidaram com o empolgado? Basicamente, acreditaram nesse comportamento. O repórter se mostrava disposto a fazer qualquer trabalho, por mais difícil que fosse e por mais apertado que fosse o prazo. Os editores davam de ombros e lhe passavam cada vez mais trabalhos com prazos impossíveis. Eles pensaram: "Se é isso que ele quer, então é isso que vai ter." Ele parecia um jovem Super-Homem.

É claro que hoje esses chefes provavelmente enxergam claramente o que estava ocorrendo. Se o empolgado estava cumprindo deadlines impossíveis um após outro, então ou os deadlines não eram impossíveis ou algo de muito errado estava acontecendo. No fim, descobriu-se que era a segunda hipótese. O empolgado estava enchendo o *The New York Times* com histórias do país inteiro, mas nunca saía de Nova York. Na verdade, muitas vezes nem sequer saía do prédio do *The New York Times*. Sua vontade de agradar tinha se transformado num comportamento que subvertia a integridade de toda a empresa. E o pior: agora ele estava se sentindo explorado, embora *ele* tivesse implorado para receber mais trabalho. Todo o entusiasmo se transformou em raiva. Na cabeça do jornalista, seu comportamento antiético era justificável porque ele tinha recebido uma carga de trabalho impossível de cumprir.

Essa história nos dá uma lição sobre como criar afinidade com personalidades empolgadas. Como essas pessoas não são capazes de se refrear, você precisa ajudá-las a fazer isso. Jamais suponha que elas sabem exatamente o que estão fazendo, porque não sabem. Não permita que elas se esgotem, porque se isso acontecer elas podem causar um enorme dano a si mesmas, e possivelmente a você. Desenvolver afinidade com empolgados é uma questão de ajudá-los a controlar o próprio ritmo. No começo, talvez eles se sintam mal. Talvez achem que você está tentando reprimi-los ou mantê-los longe dos holofotes. Talvez até achem que você tem inveja do talento e da energia deles. Infelizmente, porém, se você deixá-los à vontade, eles vão acabar se esgotando, e isso é ruim para todos.

O esgotado

O esgotado é outro tipo muito comum no ambiente corporativo, e você vai precisar de um conjunto especial de habilidades interpessoais para criar afinidade com ele. Talvez dê um pouco de trabalho, mas em geral vale a pena. O esgotado é aquele sujeito que costuma parecer deprimido, mas tem conhecimentos e habilidades valiosas. Na pior das hipóteses, ele pode lhe dar informações importantes sobre a cultura da empresa, o que é fundamental se você não tem muito tempo de casa. Na melhor das hipóteses, o esgotado pode recuperar parte da energia e voltar a contribuir para o sucesso da empresa. Para isso, você terá que recuperar alguém que desistiu de si mesmo.

Ao lidar com alguém que perdeu o entusiasmo e está fazendo o mínimo para se manter na empresa, evite fazer críticas. Na verdade, esse é um caso em que você deve simplesmente evitar críticas para construir afinidade. E por que você não deve criticar um indivíduo que obviamente não está se esforçando? Porque ele está acostumado a receber críticas. É o que ele espera e, no fundo, até mesmo o que ele quer.

Se você criticar o esgotado, ele vai concordar! Talvez ele não diga isso com todas as letras, mas no fundo você o está poupando de um autoflagelo. O esgotado se encontra na zona de conforto, mas precisa sair dela para ter utilidade para a empresa. Portanto, em vez de fazer críticas, dê apoio. Expresse gratidão. Dê um tapinha nas costas. Encontre um motivo para dizer algo de bom e continue elogiando.

O melhor presente que você pode dar ao esgotado é a esperança. Não espere até ele fazer algo de bom. Não atrele esse presente a um objetivo alcançado ou ao bom desempenho. Dê o presente agora mesmo. Isso é algo que muitas pessoas que trabalham em equipe não entendem. Não é uma questão de dizer "Isto é o que eu quero que você faça, e isto é o que vai receber se fizer", mas de recompensar qualquer ação positiva de imediato, por menor que ela seja. Ao fazer isso, você induz a pessoa a se comportar como você deseja. Estimula nela a motivação e a iniciativa e a leva a seguir em frente com as próprias pernas.

Se você faz parte de um ambiente corporativo, garanto que neste exato momento é capaz de se lembrar de três ou quatro pessoas que se encaixam na categoria dos esgotados. E não importa o nível de esgotamento dessas pessoas, porque basicamente todas têm o mesmo tipo de personalidade. Elas não têm mais esperança, simplesmente se deixam levar pela maré, e a maré não vai voltar a subir. Estão encalhadas.

Reflita sobre algumas dessas pessoas que trabalham na sua empresa. Você sabe quem são. Em seguida, faça o seguinte experimento. É um experimento de desenvolvimento de afinidade e de habilidades interpessoais, porém é mais que isso. É um experimento sobre você, sobre ser uma pessoa boa.

Diga algo encorajador, dê força e traga esperança a essas duas ou três pessoas. Procure algo de bom para dizer sobre o que elas estão fazendo neste exato momento. Faça isso várias vezes. Não precisa dar esse reforço a toda hora, todo dia ou mesmo toda semana, mas faça isso umas três vezes ao longo de um mês. Preste atenção nos resultados. Assim como Dale Carnegie, você vai descobrir como o encorajamento faz diferença. E o mais importante: vai perceber que as boas habilidades interpessoais exercem um impacto positivo sobre qualquer pessoa. Isso é mais do que simplesmente construir afinidade – é construir o sucesso no sentido mais verdadeiro da palavra.

PERGUNTAS PARA SE TER EM MENTE

Desenvolver afinidade com outros seres humanos, quer sejam pessoas difíceis de lidar ou não, não é tão diferente de qualquer outro esforço. Uma boa dose de planejamento e capacidade de previsão faz toda a diferença.

Enquanto analisa formas de desenvolver afinidade com essas pessoas, faça a si mesmo as seguintes perguntas:

Qual é o seu objetivo? É fundamental ter em mente resultados claros. Isso vale para qualquer área, seja o desenvolvimento da sua carreira ou de bons relacionamentos. Que cenário você pretende construir? Que resultado quer alcançar? É importante pensar com clareza nessas questões e, mais importante ainda, tomar uma atitude positiva com base em suas conclusões. Em geral, as pessoas focam naquilo que desejam evitar, não no que querem alcançar. Uma habilidade interpessoal muito importante é a capacidade de avançar em direção a um destino em vez de simplesmente escapar de uma situação indesejada. O destino deve ser aonde você quer chegar. Esse é seu propósito e seu objetivo. O que você deseja é muito mais importante do que o que você não deseja. Com isso em mente, procure dizer com termos positivos quais resultados deseja alcançar. Não diga "Eu quero evitar um trabalho das 9 da manhã às 5 da tarde". Mude a frase e escolha termos mais positivos e proativos: "Quero ser meu próprio chefe e trabalhar na hora que eu quiser."

Como avaliar seu progresso? Como disse o filósofo grego Heráclito, a única constante do mundo é a mudança. A cada minuto tudo muda fisicamente, emocionalmente e até espiritualmente. Qualquer que seja sua intenção, você precisa estar sempre mirando o resultado de suas ações para se certificar de que está no caminho certo. Se algo não está funcionando, o bom senso diz que devemos tentar algo diferente até alcançar o resultado desejado. Quais são as evidências de que você está se aproximando de seus objetivos interpessoais? Caso não enxergue provas tangíveis, não há como medir seu progresso. Você conheceu pessoas que pode honestamente chamar de amigos? Seu telefone toca mais que antes? Você está passando cada vez menos tempo sozinho e mais tempo com outras pessoas? Essas mudanças são específicas, verificáveis. São evidências reais do seu progresso, não apenas sentimentos.

Como alinhar as ações às avaliações? Ao mudar seu comportamento, tenha cuidado. Responsabilize-se por suas ações e pelos resultados alcançados. Você não pode depender de ninguém para fazer mudanças. Tudo o que pode fazer é mudar os próprios pensamentos e comportamentos. Em seguida, você precisa observar e responder aos resultados, que podem se manifestar em como o comportamento dos outros também muda.

O que você pode fazer para começar agora mesmo? Quando souber o resultado que almeja, você se sentirá motivado a alcançá-lo. Se você sabe que seu comportamento atual não está proporcionando o resultado desejado nas relações interpessoais, então precisa fazer algo diferente. Você também deve estar preparado para fazer mudanças e ajustes em suas ações até enxergar evidências de que está se aproximando dos seus objetivos. Com relação a tomar qualquer atitude, a frase fundamental é: *Faça agora!*

O que importa são os resultados. Cada interação entre você e outra pessoa tem dois componentes. O primeiro elemento é o que você pretende comunicar. O segundo elemento – que é muito mais importante – é o que a outra pessoa entende. Às vezes esses dois elementos são iguais, mas, infelizmente, muitas vezes não é bem assim.

As pessoas acham que basta falar o que querem, e o trabalho está encerrado. Supõem que a mensagem foi recebida, compreendida e aceita – e quando isso não acontece elas culpam a outra parte. No entanto, em se tratando de habilidades interpessoais eficazes, quando você termina de falar, seu trabalho está só começando. Você precisa descobrir até que ponto suas palavras não só foram ouvidas como também compreendidas. Para isso, preste muita atenção na resposta que vai receber. Se não for a que deseja, você precisa mudar a forma de comunicação até alcançar seu objetivo interpessoal.

Existem diversas razões para equívocos na comunicação. A verdade é que cada ser humano tem uma experiência de vida diferente associada a cada palavra que ele ouviu ou falou. Muitas vezes, o que uma pessoa quer dizer com certa palavra é muito diferente do que a outra entende. Uma segunda fonte de equívocos são os componentes não verbais da comunicação, como o tom de voz e as expressões faciais. As pessoas reagem aos componentes não verbais com a mesma intensidade, se não mais, com que reagem ao que é dito de fato.

Seu mundo não é o meu mundo. Ou será que é? Bons comunicadores sabem que sua experiência de vida pode ser muito diferente da experiência de vida dos outros. Ou seja, não existem dois indivíduos que vivam exatamente no mesmo mundo. Cada indivíduo cria um modelo único do mundo e, portanto, habita uma realidade diferente de todos os outros. Embora não pareça, não reagimos diretamente ao mundo, mas à experiência de mundo que construímos. Ninguém pode afirmar com certeza que sua experiência de mundo corresponde à realidade externa – e de fato isso não importa. O que realmente importa é o "aqui" que interpretamos como "lá". Sua tarefa é trazer a pessoa com quem está falando para o mundo que você habita, e esse é um processo complexo. Para isso, você precisa envolver seu interlocutor física, mental e emocionalmente.

As palavras são uma representação imperfeita da experiência. Cada um de nós tem uma experiência de mundo diferente, e as palavras que utilizamos complicam ainda mais a nossa comunicação. A linguagem é um código que representa aquilo que vemos, ouvimos ou sentimos. Pessoas que falam outro idioma usam palavras distintas para representar as mesmas coisas que falantes de sua língua materna veem, ouvem ou sentem. E tendo em vista que cada pessoa tem um conjunto de experiências único que viu, ouviu ou sentiu ao longo da vida, suas palavras têm significados distintos se comparadas às de outras pessoas. Além disso, certas pessoas são muito mais competentes que outras no quesito comunicação verbal. Claro que um bom vocabulário e um alto nível de instrução são fatores importantes – e esses fatores são afetados por diversas variáveis, como o tipo de instituição de ensino que o indivíduo frequentou e seus talentos e dificuldades para aprender. No entanto, comunicadores eficazes trabalham para maximizar a capacidade de se expressar e sabem que, mesmo que maximizem as próprias habilidades, e mesmo que o significado do que dizem pareça "óbvio", problemas de comunicação sempre podem acontecer.

A flexibilidade é sempre fundamental. Com base em todos os pontos listados, deve estar claro que a pessoa com o maior nível de flexibilidade será uma comunicadora mais eficaz. Por exemplo, se você tem um vocabulário extremamente limitado, será capaz de transmitir sua mensagem de poucas maneiras. No entanto, quanto mais palavras conhece, mais opções passa a ter. Assim, se alguém não entendeu o que você está tentando dizer, você é capaz de encontrar outras maneiras de dizer a mesma coisa. Ter opções é sempre melhor que não ter opções, e ter muitas opções é sempre melhor que ter poucas opções. Isso vale não só em relação ao número de palavras à sua disposição como também em relação à gama de emoções e até à variedade de roupas que você veste. Se algo que você fez não deu certo, você precisa ter os recursos necessários para mudar o próprio comportamento e fazer algo diferente.

EM AÇÃO

1. Liste pessoas que você conhece que se encaixem em cada um dos quatro tipos de personalidade.

   Carreirista: _____
   Agente secreto: _____
   Empolgado: _____
   Esgotado: _____

   Você condena o comportamento de algum desses indivíduos? Caso sim, é possível que tenha dificuldade com as características dele. Reflita sobre cada um deles e faça uma autoavaliação honesta, tentando descobrir em que situações você se comporta de forma semelhante a cada um desses quatro tipos de personalidade. Como você pode mudar esse comportamento em benefício próprio e das pessoas ao seu redor?

2. Elabore uma lista das pessoas com quem você tem mais facilidade para desenvolver afinidade. Reflita: por que você tem facilidade para se comunicar com elas? Em seguida, faça uma lista de pessoas com quem você tem divergências. O que você pode fazer para se sentir mais à vontade com elas? Como pode começar a desenvolver afinidade com essas pessoas?

3. Você já se sentiu esgotado? O que pode fazer para evitar se sentir assim novamente?

ANOTAÇÕES

5

Curiosidade assertiva

*Expressar um interesse genuíno pelos outros:
não existe maneira melhor de fazer com que as
pessoas se interessem por você.*

– Dale Carnegie

A SEGUNDA HABILIDADE INTERPESSOAL ESSENCIAL é a curiosidade assertiva. As pessoas são curiosas por natureza. Nascemos com esse traço! Isaac Singer, escritor ganhador do Prêmio Nobel, certa vez descreveu a vida como um romance que tem partes boas e partes ruins. Assim como num romance, todo mundo quer ver o que está escrito na próxima página. Todo mundo quer descobrir o que acontece depois. Todo mundo é inerentemente curioso a respeito do mundo, e devemos fazer de tudo para cultivar e manter viva essa característica humana.

Isso é especialmente relevante no ambiente corporativo. A curiosidade pode ser benéfica para qualquer gestor capaz de estimular a curiosidade inata de sua equipe. Nas próximas páginas vamos explorar estratégias e táticas para aprender a fazer o melhor uso possível da curiosidade das pessoas. E o mais importante: veremos por que a chave para isso é manter sua própria curiosidade viva e ativa.

A HISTÓRIA DE MICHELLE

Vejamos um exemplo de como isso funciona. Michelle é uma executiva de relações com investidores numa grande multinacional. Seu trabalho é interessante e depende de ela ter uma curiosidade saudável. Basicamente, seu trabalho é manter contato com pessoas que investem muito em sua empresa e descobrir se elas têm alguma necessidade ou preocupação em particular.

A grande maioria dos investidores é composta por idosos que se sentem muito solitários. A essa altura da vida eles têm muito dinheiro, mas pouca coisa acontece em suas vidas. Quando Michelle liga, eles querem falar sobre os investimentos, mas também querem sentir que Michelle se interessa de fato pela vida deles. Por isso as conversas de Michelle com os clientes podem não se parecer muito com conversas tradicionais sobre negócios, mas Michelle rapidamente percebeu que conversar sobre os netos de um investidor por meia hora pode fazer uma diferença bastante positiva na construção da confiança e da lealdade. Assim, Michelle aprendeu a ser genuinamente curiosa sobre as pessoas com quem fala e sobre o que elas têm a dizer. Muitas vezes essa curiosidade a levou a conversar sobre assuntos que, à primeira vista, talvez não pareçam interessantes ou relevantes, mas é incrível como o ato de se dispor a conhecer alguém pode construir relações com o cliente e pode ajudar você a alcançar o sucesso.

Quando recebeu a tarefa de treinar um novo funcionário para ajudá-la nesse trabalho, Michelle teve a oportunidade de refletir sobre o que a curiosidade realmente significa como habilidade interpessoal no ambiente corporativo. Assim como Michelle, talvez você seja um gestor e queira motivar sua equipe a aprender o máximo possível quanto antes. Ou talvez você tenha sido contratado recentemente e esteja curioso a respeito de sua nova empresa. O importante é usar a curiosidade de maneiras benéficas tanto para você quanto para seu empregador. Quer seja um gestor veterano ou um novo funcionário, o que importa aqui é a curiosidade assertiva, uma postura mental única e até certo ponto complexa, que conta com nada menos que dez elementos distintos, porém fortemente relacionados. Ao utilizá-los, você pode maximizar imediatamente o papel da curiosidade no seu repertório de habilidades interpessoais. Vamos analisar esses pontos um a um.

PONTO 1: TRANSFORME A CURIOSIDADE ASSERTIVA NUMA EXPERIÊNCIA EMOCIONAL

Antes de tudo, tenha em mente que a curiosidade assertiva é uma experiência tanto emocional quanto intelectual. No relacionamento interpessoal, essa é a diferença entre criar de fato a sensação de descoberta compartilhada e apenas fazer perguntas por educação. Se existe uma palavra que descreve esse tipo especial de energia, essa palavra é *paixão*. A curiosidade assertiva tem mais a ver com paixão do que com a simples capacidade de descobrir fatos. Vai além de se motivar a aprender – é ensinar a si mesmo como fazer isso de maneiras significativas, memoráveis e eficazes. É se importar de fato com o que você quer aprender, sentir uma empolgação real e transmitir essa empolgação às pessoas à sua volta.

Como foi que Thomas Edison conseguiu ter mais de mil patentes no Escritório de Patentes dos Estados Unidos? O motor que impulsionou todas essas descobertas foi uma curiosidade infinita e ilimitada. Edison não era um teórico, mas o que chamamos de pensador empírico. Gostava de ver como as coisas funcionavam no mundo real. Não importava se o mundo real de fato funcionava do jeito que ele achava que deveria funcionar. Quando seus experimentos produziam resultados diferentes do esperado, ele não enxergava isso como um fracasso, nunca usava o termo "experimentos fracassados" no jargão científico convencional. Todo experimento era um sucesso, porque ele sempre descobria algo novo. Se esse algo era diferente do que imaginava, melhor ainda. E mais: Edison transmitia essa curiosidade a todas as pessoas com quem trabalhava. Era essa característica que fazia dele uma pessoa dotada de curiosidade assertiva.

PONTO 2: ENXERGUE A SI MESMO COMO UM APRENDIZ E UM PROVEDOR DE CONHECIMENTO

Naturalmente, a curiosidade assertiva tem tanto a ver com o conteúdo quanto com a emoção. Desse modo, o segundo ponto da curiosidade assertiva é enxergar a si mesmo como um aprendiz e ao mesmo tempo como um provedor de conhecimento real. Para isso, é preciso dar o melhor de si para permanecer no topo de sua área, obtendo informações tanto de sua área de conhecimento quanto de outras áreas e mantendo-se sempre o mais informado possível sobre as últimas novidades. Isso não significa passar horas e horas todo dia na internet, na biblioteca ou lendo revistas e artigos especializados. A curiosidade assertiva é algo muito mais dinâmico que isso. É aproximar teoria e prática. É sair da torre de marfim e mergulhar num campo específico. É falar com os especialistas e autoridades na área e convidar as pessoas a falarem com você conforme você próprio se torna uma autoridade.

Em certos aspectos, Richard Feynman, físico ganhador do Prêmio Nobel, foi um Thomas Edison dos tempos modernos. Seu trabalho, porém, se deu no mundo obscuro da mecânica quântica e da cosmologia. Ao mesmo tempo, Feynman tinha um lado muito prático. Certa vez disse que existe uma forma infalível de descobrir se alguém é mesmo um especialista ou se está apenas fingindo. Tudo depende de quantas vezes a pessoa diz três palavrinhas muito importantes: "Eu não sei." Se a pessoa tem respostas para todas as perguntas, se parece que ela conhece a fundo todos os assuntos, então você pode ter certeza de que está diante de um farsante. Por outro lado, se a pessoa obviamente conhece o tema a fundo mas admite que não tem respostas para todas as perguntas, você está diante da confiança e da autoridade verdadeiras. Feynman acrescentou um corolário muito importante a esse princípio, um corolário que vale para indivíduos que têm curiosidade assertiva. Embora estejam dispostos a admitir que não sabem a resposta para uma pergunta, eles têm um enorme desejo de descobrir essa resposta. Pessoas dotadas de curiosidade assertiva gostam de ser desafiadas e, por sua vez, também desafiam os outros. Elas querem descobrir os fatos e têm ciência de que ainda não sabem tudo. E mais: sabem que nunca conhecerão todos os fatos e ficam felizes com isso.

PONTO 3: EXERCITE A ESCUTA INTERATIVA

Permanecendo na mesma linha, o terceiro ponto é o componente operacional e interativo da curiosidade assertiva. É escutar, questionar, ser responsivo e lembrar sempre que cada ser humano é único, diferente de todos os outros. É obter respostas e instigar pessoas naturalmente caladas a falar o que pensam. É encontrar o que há de melhor nas pessoas, respeitando o limite delas e sendo profissional a todo momento.

Quando as pessoas falam, você escuta com atenção ou se deixa distrair pela aparência delas, pela forma como falam, por algum detalhe qualquer? Para você, escutar é apenas esperar a outra pessoa terminar de falar para você poder falar em seguida? Ou é uma habilidade que você quer desenvolver? É incrível como bons ouvintes são raros – e ao se tornar uma dessas raras pessoas, você dá um grande passo para se tornar um comunicador habilidoso.

Como você reage quando discorda de algo dito por alguém? Existem certos assuntos – ou certas pessoas – que o irritam logo de cara? A verdade é que todos nós temos certos assuntos que consideramos irritantes, porém aqui, mais uma vez, um aspecto importante das habilidades interpessoais é se manter no controle e aceitar a responsabilidade. Quando alguém diz algo inesperado ou não convencional, é possível que esse indivíduo seja desinformado, mas não é responsabilidade sua mostrar a verdade ao mundo. Sua responsabilidade é responder com tranquilidade, calma e autocontrole – em uma palavra, com habilidade.

O título do livro mais conhecido de Dale Carnegie é *Como fazer amigos e influenciar pessoas*. É um título conhecido no mundo todo, e a simplicidade é um de seus pontos fortes, mas para realmente entender o título precisamos olhar com muito cuidado para uma palavra em especial. Surpreendentemente, trata-se da palavra "e". Numa conversa normal, "e" é apenas um conectivo – uma conjunção. Mas aqui essa palavrinha de apenas uma letra tem uma importância maior. No título do livro de Dale Carnegie, "e" significa "para", "com o objetivo de". As duas partes do título não se limitam a coexistir – uma parte leva à outra. Não é uma simples questão de fazer amigos e influenciar pessoas. Fazer amigos *lhe dá o poder de* influenciar pessoas. Em poucas palavras, ganhar a afeição alheia lhe confere respeito. Não é nenhum mistério do universo. Pelo contrário, é simples. Não necessariamente fácil, mas definitivamente simples.

Parte do comprometimento que devemos ter para nos tornarmos ouvintes interativos é abandonar as reações negativas que tantos de nós confundem com conversa de verdade. Resumindo: não critique, não condene, não reclame. Ponto. Mas por que não? Bem, você gosta de ouvir reclamação alheia? Você passa a gostar mais de uma pessoa quando a ouve falar mal de outra? Você se sente positivamente influenciado por alguém que só sabe fazer críticas? Acho que as respostas a essas perguntas são autoexplicativas.

Em vez de criticar ou reclamar, crie em si mesmo sentimentos de apreço, gratidão e interesse genuíno pelas outras pessoas. Não porque você quer ser igual à Poliana, mas por interesse próprio. Novamente eu pergunto: como você se sente perto de pessoas positivas, que fazem elogios? Provavelmente, são pessoas assim que você quer ter como amigos. E como mostrou Dale Carnegie, os amigos são as pessoas que nos influenciam. Em geral, queremos esquecer os indivíduos negativos, mas pessoas genuinamente positivas não são apenas memoráveis – são realmente inesquecíveis.

Qual é a melhor forma de demonstrar apreço, gratidão, otimismo e outros sentimentos positivos? Mais uma vez, o que você fala e a forma como escuta podem ser anulados pela sua aparência – portanto, sorria! Não existe nada mais simples! A esta altura não preciso me aprofundar nos benefícios do sorriso, mas, conforme já foi discutido, pesquisas mostram que sorrir – ou seja, o ato de flexionar os músculos do rosto – estimula a produção de certas substâncias neuroquímicas associadas a sentimentos de prazer e bem-estar. No nível biológico mais básico, sorrir é bom para você.

E rir pode ser ainda melhor que sorrir. Mais de vinte anos atrás, Norman Cousins escreveu um best-seller no qual revela que assistia a comédias para lidar com uma doença grave. De lá para cá, surgiram muitos estudos a respeito dos efeitos físicos e emocionais da risada. Uma pesquisa muito interessante descobriu com que frequência as pessoas riem ao longo de vários estágios da vida. Aos três anos, rimos o tempo todo – centenas de vezes ao dia. A partir de então, ocorre uma redução gradual do número de risadas ao longo dos anos, até que de repente acontece algo muito interessante: algumas pessoas começam a rir mais e outras simplesmente param de rir.

Parte desse efeito pode ser atribuído à genética, mas lembre-se: um aspecto fundamental do caráter é assumir cem por cento da responsabilidade. Talvez seja "natural" se tornar mais infeliz conforme envelhecemos, mas isso não significa que você deve permitir que isso aconteça. Também é natural perder força e ganhar peso conforme a idade avança, mas milhões de pessoas priorizaram resistir a esses processos. Da mesma forma, você pode se comprometer a manter as emoções positivas, assim como pode manter o corpo saudável. *Compromisso* é a palavra-chave. Não acontece por si só. Não acontece com facilidade. Na verdade, você precisa se esforçar para fazer com que pareça fácil!

Mais uma vez, não há nada especialmente complicado em relação à escuta interativa. Em geral, é apenas uma questão de fazer as perguntas certas e realmente querer ouvir as respostas. Pode ser tão simples quanto dizer

"Isso parece interessante. Como posso ajudar?" ou "Estive pensando numa coisa nova e quero a sua opinião." Para os funcionários de uma empresa, nada é mais inspirador que ouvir um pedido de feedback feito pelo próprio gestor. Mas com que frequência isso acontece no mundo corporativo? A curiosidade assertiva não se resume a encontrar respostas para os problemas. Na verdade, trata-se de descobrir o que as pessoas pensam. Ao fazer isso, você ficará surpreso com a quantidade de problemas que eliminará rapidamente. E ficará ainda mais surpreso com a quantidade de problemas que nem sequer aparecerão.

PONTO 4: EXERCITE A INTERATIVIDADE SEM UMA PAUTA

Ter curiosidade assertiva é ser interativo com as pessoas sem uma pauta específica. É ser flexível e se ajustar aos interesses alheios e ter autoconfiança para admitir que outro ponto de vista pode ser tão válido quanto o seu. Às vezes isso significa realizar apenas metade do planejado para uma reunião ou um telefonema e, mesmo assim, se sentir bem com relação ao que aprendeu. Significa alcançar um equilíbrio criativo entre ser um questionador ávido e um professor paciente. É equilibrar a própria curiosidade com a necessidade que a outra pessoa tem de aprender.

Dale Carnegie era um homem muito à frente de seu tempo em diversas áreas, e um dos exemplos mais claros disso é a forma como ele enfatizava que devemos prestar atenção nas vontades e nas necessidades alheias e nas pistas verbais e não verbais da conversa. Isso significa ter curiosidade sobre o que as outras pessoas querem e, com base nesses desejos, criar uma conexão com elas. É fato que a maioria das pessoas não lhe dirá o que realmente quer se você não perguntar, mas quantos de nós se dão ao trabalho de perguntar? A forma de contornar esse problema é paradoxal. Se você realmente quer conhecer os interesses de alguém, a melhor maneira de descobrir é compartilhar algo sobre si, mas tendo em mente que só está fazendo isso para estimular o outro a falar. Portanto, não se alongue demais na própria história, pois do contrário talvez não sobre tempo para a outra pessoa falar.

Para compartilhar uma história pessoal com o objetivo de construir confiança e obter informações de seu interlocutor, é preciso ter alguns pontos em mente. Primeiro: sempre comece a conversa de maneira amigável e não ameaçadora, sobretudo se você é o chefe, pois as pessoas têm uma resistência natural a se abrir com o superior. Em geral, é melhor ser bem explícito. Deixe claro que a conversa é informal ou peça permissão para compartilhar uma informação pessoal. Tudo isso faz parte da tentativa de enxergar a situação do ponto de vista do outro. Procure compartilhar as informações de forma dramática e interessante, para que a outra pessoa se sinta inspirada a fazer o mesmo. Por exemplo, não é muito empolgante ouvir alguém dizer "Um dia eu quero ter meu próprio negócio." Compare com "Sempre sonhei em ser dona de uma butique para vender roupas elegantes." A segunda alternativa é mais que um simples plano de negócios. É o compartilhamento de um sonho. E quando você compartilha um sonho, seu interlocutor pode criar coragem para dividir com você um sonho dele. Como gestor dotado de curiosidade assertiva, é isso que você quer que aconteça.

Existem inúmeras perguntas que você pode fazer para estimular as pessoas a falar e compartilhar informações. Como vimos, às vezes a melhor forma de dar partida nesse processo é revelar algo sobre si, mas o propósito maior por trás dessa ação deve ser despertar a curiosidade do seu interlocutor sobre coisas que ele considera triviais. A seguir listo alguns exemplos de perguntas que podem servir a esse propósito. É bem provável que nenhum gestor ou supervisor do seu trabalho tenha feito perguntas desse tipo alguma vez. E, mesmo que quisesse fazer, talvez elas pareçam excessivamente pessoais ou antiprofissionais. Apesar disso, elas podem ser muito importantes para criar uma atmosfera de curiosidade assertiva. Ao ler essas perguntas, você entenderá como elas podem ajudar as pessoas a se conhecerem melhor e adotarem uma postura de curiosidade em relação à própria vida. Na verdade, essas perguntas provavelmente ajudarão você a fazer o mesmo em relação à sua vida.

- Qual é a história por trás do nome da sua família?
- De que parte do país ou do mundo vem a sua família?
- Quais são a origem e o significado do seu nome?
- Onde você mora? O que acha de morar nesse lugar?
- O que você gosta de fazer no seu tempo livre com sua família?
- De que você gosta e de que não gosta no trabalho que faz aqui na empresa?

- Como você começou nesta empresa?
- Fale sobre alguns lugares para onde você gostaria de viajar.
- Para onde você foi nas últimas férias? O que achou do lugar?
- De quais esportes você gosta?
- Quais são os seus hobbies?
- O que você gosta de fazer no seu tempo livre?
- Como você acha que a empresa poderia mudar para melhor?
- Se você tivesse uma varinha mágica com o poder de mudar alguma coisa hoje, o que seria?
- O que você quer aprender no ano que vem? E na semana que vem? E hoje?
- Que obstáculos você teve que superar?
- Que conselho daria a um jovem que quisesse trabalhar nessa área?

Ao fazer perguntas abertas como essas, você está exercitando sua curiosidade. Acrescente a isso a postura de ser um ouvinte ativo, e você estará demonstrando curiosidade assertiva e inspirando os outros. A escolha é sempre sua.

PONTO 5: COMPARTILHE SUAS HISTÓRIAS PESSOAIS COM PAIXÃO

O quinto ponto da curiosidade assertiva trata da importância de ter um estilo próprio. Já vimos como isso funciona quando compartilhamos nossas esperanças e nossos sonhos. Você tem que colocar uma pitada de drama na história. Precisa fazer com que ela seja empolgante e cativante, como se você estivesse compartilhando um segredo importante. A importância disso deveria ser óbvia: como atiçar a curiosidade do outro se você não parece interessante? Em reuniões e apresentações, as pessoas muitas vezes adotam uma postura de quem tem as respostas para todas as perguntas. Mesmo quando pedem perguntas à plateia, geralmente não conseguem criar um clima de espontaneidade ou drama.

Para ser bem claro: não há nada mais desinteressante do que um sabe--tudo (mesmo quando a pessoa de fato é grande conhecedora do assunto). Por outro lado, quando um gestor deixa claro que também está buscando aprender e que seu senso de curiosidade ainda está vivo, ele se torna um líder muito mais inspirador. Uma pessoa dotada de curiosidade assertiva é como o maestro de uma orquestra. Precisa haver um pouco de teatro. Se você assistir a um maestro regendo vai entender exatamente o que quero dizer. Não se trata só de dizer aos músicos quais notas devem tocar a cada momento, mas de ajudá-los a tocar como se estivessem descobrindo e tocando aquelas notas pela primeira vez na vida. Quando usa a curiosidade assim, você se torna capaz de extrair o melhor de todos, inclusive de si mesmo.

PONTO 6: TENHA BOM HUMOR

O humor é o sexto componente da curiosidade assertiva. Ele caminha lado a lado com o jeito de contar histórias, que acabamos de discutir. Já mencionamos que pessoas que têm curiosidade assertiva geralmente são muito francas em relação ao que não sabem. Como resultado, geralmente têm um forte senso de humor autodepreciativo. O humor e a curiosidade andam de mãos dadas, pois ambos dependem do prazer da surpresa e do inesperado. O humor não é apenas uma tática usada por pessoas com curiosidade assertiva – é uma característica natural e cria o tipo de atmosfera relaxada que faz com que todos ao redor queiram escutar e aprender.

Antes de avançarmos para o próximo tópico, é preciso deixar claro que o humor é uma das habilidades interpessoais mais difíceis de aprender e dominar, e o motivo é simples: as pessoas acham que não precisam aprender nada sobre o humor. A maioria pensa que já é divertida, ou pelo menos acha que sabe apreciar uma pessoa ou uma situação engraçada. Pouquíssimas pessoas admitem que não têm muito senso de humor. Mas quantos conhecidos seus são capazes de fazer você rir de verdade? E você? É capaz de provocar o riso nas pessoas? É preciso ter coragem para responder a essa pergunta com honestidade. Mas se você perceber que seu senso de humor não é exatamente o que imaginava, então ainda resta esperança. Novamente, a solução é ser honesto. Certa vez um senhor que participava de um dos treinamentos de Dale Carnegie ouviu essa discussão sobre o humor e foi profundamente afetado. Percebeu que na verdade não tinha um senso de humor muito apurado, embora pensasse que tivesse. Ele gostaria de ter, claro, mas ao mesmo tempo queria encarar a realidade. Assim, na aula seguinte, ele se levantou e, tristonho, disse: "Não sou uma pessoa engraçada. Simplesmente não sou engraçado." E é claro que ao ouvir isso, todo mundo caiu na gargalhada!

PONTO 7: DESCUBRA O QUE OS OUTROS PRECISAM APRENDER

Ter curiosidade assertiva significa descobrir não só o que os outros desejam aprender mas também o que precisam aprender. Nesse sentido, a curiosidade assertiva pode despertar a curiosidade delas e estimulá-las a aprender o que é necessário. Existem diversas formas de mostrar ao outro o que ele precisa aprender. Pode ser mandando um artigo de internet para a pessoa, ou deixando um livro ou uma revista na mesa dela. Mas, ao fazer isso, você não deve ter segundas intenções. Essa regra vale, sobretudo, caso você seja o chefe. Lembra como era difícil ler os livros obrigatórios na escola? O aprendizado real só se alcança de forma genuína, nunca por obrigação.

Nesse cenário, um pouco de psicologia reversa pode ser eficaz. Quando der um livro ou um artigo para alguém ler, deixe bem claro que você não tem qualquer expectativa ou intenção. Enfatize esse ponto. Diga algo assim: "Se em algum momento você tiver um tempinho, acho que vai achar este artigo muito útil. Eu li e achei." E ponto. Fale isso e esqueça o assunto. Você precisa deixar suas intenções de lado para criar curiosidade no seu interlocutor. Seja bastante assertivo nesse ponto, e essa assertividade precisa ser direcionada a si mesmo. Do contrário, você estará apenas tentando executar uma forma não muito sutil de manipulação, o que vai de encontro à ideia de habilidades interpessoais eficazes.

PONTO 8: USE O APOIO INSTITUICIONAL PARA REFORÇAR A CURIOSIDADE ASSERTIVA

A curiosidade assertiva precisa ser sustentada pela cultura da empresa como um todo. Isso significa que, claro, a empresa deve ter uma liderança forte e visionária, mas também um apoio institucional palpável, o que inclui recursos, pessoal e fundos. A curiosidade precisa ser reforçada em toda a organização, do presidente à sala de correspondências. Precisa se refletir no que é dito, no que é escrito e principalmente no que é feito. Talvez você seja um gestor, tenha curiosidade assertiva e queira estimulá-la na sua equipe, mas se você for uma voz solitária num ambiente conformista, terá pouco impacto no todo.

Portanto, observe atentamente a forma como sua empresa lida com funcionários que fazem perguntas inesperadas e dão respostas surpreendentes. Na sua empresa há sistemas que apoiem e premiem a curiosidade assertiva? Quando pensamos nas habilidades interpessoais costumamos imaginar que ela acontece entre dois indivíduos ou, no máximo, num grupo pequeno. Mas às vezes, para tornar as interações individuais mais eficazes, certas coisas precisam ser feitas no nível macro.

PONTO 9: MENTORIA DOS GESTORES MAIS ANTIGOS

O nono ponto é uma aplicação específica do oitavo. Os gestores com mais tempo de casa devem estimular a curiosidade de sua equipe. Na relação de mentoria, os gestores podem ver claramente se sua equipe está realmente tentando expandir a visão. Com essa informação, podem transformar a curiosidade num fator de avaliação, reconhecimento e promoção de funcionários. Por outro lado, a falta de curiosidade precisa ser resolvida com treinamento e a leitura de livros de autodesenvolvimento. Isso não significa que precisa haver um "departamento de curiosidade" oficial na estrutura corporativa, mas que precisa haver uma forma de dar aos funcionários tempo e motivação para explorar novas ideias e novos pontos de vista.

Um exemplo clássico de como a mentoria pode ser poderosa é a lendária divisão Skunk Works da empresa de aviação Lockheed Martin. A Skunk Works, que não era um departamento oficial da empresa, tinha como único propósito explorar novas ideias e abordagens excêntricas e inovadoras voltadas para a resolução de problemas. Ao longo de mais de cinquenta anos a Skunk Works produziu alguns dos conceitos mais inovadores da história da aviação. Todo o sucesso dessa iniciativa, porém, baseava-se apenas na importância da curiosidade e no poder criado pelo trabalho conjunto entre funcionários novos e antigos, num ambiente sem hierarquia e sem pressão. Por exemplo, foi essa divisão que criou a tecnologia stealth – de invisibilidade a radares – para aeronaves militares. Os engenheiros encontraram a chave matemática para essa tecnologia enterrada num obscuro periódico de física publicado originalmente em russo. Por incrível que pareça, as burocráticas forças militares russas nunca usaram esse princípio, embora o autor do artigo tivesse feito um apelo nesse sentido. Mais incrível ainda é a forma como se testou a primeira aeronave com essa tecnologia. O avião foi guardado num hangar secreto, sem iluminação e cheio de morcegos. Ao perceberem que os morcegos não eram capazes de detectar a presença da aeronave e batiam nela no escuro, os engenheiros souberam que tinham alcançado o sucesso. É muito difícil imaginar um departamento de pesquisa e desenvolvimento convencional pensando num sistema de teste com morcegos. Era necessário haver um comprometimento institucional com a curiosidade, num ambiente diferente do perfil oficial da empresa. Na verdade, durante muitos anos a Lockheed Martin nem sequer reconheceu a existência da Skunk Works, assim como o governo americano não reconheceu a existência das aeronaves criadas pela divisão.

PONTO 10: CRIE UM AMBIENTE DIVERTIDO

Por fim, o décimo princípio da curiosidade assertiva, e talvez o mais importante deles: a curiosidade assertiva deve ser divertida. As recompensas devem ser espontâneas e intrínsecas. Você deve se sentir empolgado ao explorar um novo tema ou ver que estimulou a empolgação de um colega. Gestores que têm curiosidade assertiva não fazem isso por dinheiro. A curiosidade simplesmente faz parte da natureza deles, e pessoas curiosas de verdade não se imaginam agindo de outra forma. Veja, por exemplo, a atmosfera da Google. Os funcionários são encorajados e instigados a ser curiosos, a explorar, a se divertir. Resultado: uma organização incrivelmente bem-sucedida com funcionários felizes e leais.

Uma boa maneira de vislumbrar o poder da curiosidade é considerar seu oposto: o tédio. O tédio é um sentimento raramente vivido por crianças pequenas. É a sensação de que suas energias criativas – e até subversivas – estão sendo sufocadas. É a forma como você se sente quando precisa ficar sentado, imóvel, durante uma aula longa que não desperta seu interesse.

Essa não é a maneira correta de vivenciar a educação, e certamente não é a melhor maneira de viver a vida. Começamos este capítulo com a ideia de que a vida é como um livro a cujo fim você não quer chegar. Talvez isso seja verdade, mas você está realmente interessado na leitura ou apenas com medo de que algo ruim lhe aconteça caso chegue à última página? Responder a essa pergunta é um exemplo de curiosidade assertiva. É o tipo de pergunta que merece sua reflexão e que você pode usar para inspirar os outros a refletir.

Os dez pontos tratados neste capítulo certamente podem ajudá-lo a fazer isso. Ainda assim, estamos longe de esgotar o assunto curiosidade assertiva. Continuaremos a discussão no Capítulo 6.

EM AÇÃO

1. Numa escala de 1 a 10, quanta curiosidade assertiva você tem pelo trabalho que exerce e pelos seus colegas na empresa?

1	2	3	4	5	6	7	8	9	10
Pouca				*Mais ou menos*		*Bastante*			*Muita*

2. Para ter curiosidade assertiva é preciso ser flexível e se interessar pelas necessidades das pessoas. Às vezes, cultivar o desejo de se concentrar nas necessidades alheias exige comprometimento consciente e muita prática. Ao longo da próxima semana, escolha pelo menos uma pessoa por dia e se comprometa a focar nas necessidades dela. Anote as ideias que tiver durante a prática deste exercício.

3. É importante ser proativo, estimulando e reforçando o aprendizado de seus subordinados. Elabore um programa de aprendizado de um ano para os membros de sua equipe. Certifique-se de pedir a opinião deles e inclua os desejos e interesses que demonstrarem. Em seguida, tome as atitudes necessárias para pôr em prática o programa.

4. Criar um ambiente divertido e ter senso de humor são dois traços importantes que devem ser cultivados no desenvolvimento da curiosidade

assertiva. Também são escolhas que vão melhorar seu ânimo e suas interações cotidianas. Você se diverte no trabalho? Costuma rir muito? Procure acrescentar diversão e humor ao seu dia. Anote tudo o que fizer e as mudanças que observar nesse sentido.

ANOTAÇÕES

6

Maximize a curiosidade assertiva nos negócios

Nunca subestime o poder do entusiasmo.
– DALE CARNEGIE

COM BASE NO QUE APRENDEU no Capítulo 5, agora você sabe que a curiosidade assertiva proporciona diversos benefícios, tanto como um traço de personalidade quanto como uma qualidade que você pode desenvolver nos membros de sua equipe. Já falamos sobre algumas habilidades interpessoais que podem ajudá-lo a alcançar esses objetivos. Agora, no começo deste capítulo, vamos concentrar um pouco nosso foco. Vamos ver o que você, como gestor, precisa fazer para maximizar a curiosidade assertiva. Os quatro itens a seguir são essenciais, obrigatórios. São os elementos que realmente fazem a diferença entre uma cultura de complacência e uma equipe vencedora.

OS QUATRO ELEMENTOS ESSENCIAIS DA CURIOSIDADE ASSERTIVA

ELEMENTO I: Contato frequente

A curiosidade assertiva depende de poucos fatores essenciais no relacionamento entre gestores e funcionários. O mais importante desses fatores é bastante simples – a frequência do contato. A curiosidade assertiva exige encontros contínuos cara a cara com os membros da equipe. Tomando esse tipo de cuidado você consegue avaliar quem merece elogios e quem precisa de ajuda, mostra que você tem comprometimento e encoraja a equipe a pensar no que pode fazer em troca.

Para ter esse nível de contato pessoal, você deve agendar semanalmente encontros individuais ou alguma atividade em grupo, para que os membros da equipe passem a se conhecer. Um bom horário para isso é o começo do expediente. Você pode, por exemplo, pedir que todos cheguem 20 ou 30 minutos mais cedo uma vez por semana para bater um papo sobre o que está acontecendo no trabalho e na vida deles. Essa estratégia funciona melhor quando a equipe inteira participa. A curiosidade assertiva se desenvolve quando é um esforço em conjunto em vez de uma empreitada solo. Assim como qualquer habilidade interpessoal, a curiosidade deve ser uma experiência colaborativa e social, não uma experiência competitiva e isolada.

Para que essas reuniões informais sejam um sucesso, o ideal é definir um tema que não seja nem muito amplo nem muito específico. Quando não há um tópico predefinido, há o risco de as pessoas ficarem paradas, sentadas, esperando alguém quebrar o gelo. Esse alguém provavelmente é você, o chefe, a pessoa mais experiente do grupo. Caso isso aconteça, o encontro acabará sendo mais formal do que deveria – uma reunião em que todos vão simplesmente seguir o líder, que é você. Por outro lado, um tema muito específico acaba impedindo as pessoas de falarem sobre o que realmente pensam. Talvez elas imaginem que as preocupações que têm não estão em pauta e acabem se calando. O verdadeiro motivo de haver um tema predeterminado para as interações em grupo não é resolver um problema, mas ter um tema como ponto de partida para uma discussão na qual a curiosidade assertiva seja posta em ação.

Num ambiente de grupo, a curiosidade assertiva se torna genuinamente interativa. Os membros da equipe criam e compartilham suas perguntas, ideias e soluções. É uma boa chance de descobrir como os outros pensam e raciocinam. Nesse sentido, seguem algumas diretrizes para promover uma discussão em grupo eficaz. São princípios e responsabilidades compartilhados que devem ser definidos e aceitos por todos os membros da equipe.

O primeiro e mais importante princípio é o de que todos devem se comprometer a comparecer e chegar na hora às reuniões. A equipe precisa compreender que o objetivo das reuniões não é se destacar ou ganhar uma discussão. Desentendimentos amigáveis são aceitáveis e até desejáveis, mas é preciso evitar críticas pessoais.

No primeiro encontro, os participantes podem decidir quais serão os objetivos do grupo, com que frequência os encontros acontecerão, como medir o progresso e como resolver os conflitos. Em geral, a cada sessão, é uma boa ideia escolher uma pessoa diferente para comandar a reunião. No entanto, é possível que o grupo se sinta mais confortável se você, como gestor, assumir esse papel toda semana. Você conhece o grupo e pode decidir o que será melhor.

Vejamos um exemplo de reunião desse tipo. Imagine que o tema da semana seja a comunicação no ambiente corporativo. O líder começa perguntando se alguém é capaz de pensar em obstáculos que impedem as pessoas de se comunicarem com eficácia sobre assuntos relacionados ao trabalho. Se ninguém responder, ele deve compartilhar uma experiência própria. Essa é a uma ferramenta básica da curiosidade assertiva, que costuma instigar os outros a compartilharem suas histórias.

Em qualquer discussão sobre assuntos relacionados à comunicação, um tema muito comum é a diferença de estilos comunicativos entre as pessoas. Por exemplo, talvez alguém se sinta mais à vontade se comunicando por e-mails e mensagens, enquanto outra pessoa prefere falar por telefone ou pessoalmente. Essas diferenças podem se tornar um problema quando o chefe prefere um estilo comunicativo mas o subordinado prefere outro.

O fim da semana de trabalho é um bom momento para você, como gestor, chamar um membro da equipe e perguntar como vão as coisas. É uma chance de você fazer perguntas individuais e encorajar os funcionários a fazerem perguntas sobre qualquer tema. A curiosidade assertiva nasce quando percebemos o que não sabemos e agimos para obter as informações.

Você e sua equipe precisam de atualizações frequentes sobre as responsabilidades individuais e sobre o que está acontecendo na empresa como um todo. Sem invadir a privacidade da sua equipe, marque horários para observá-los em ação no trabalho. Sua intenção deve ser orientar, apoiar, exercer a curiosidade assertiva – jamais vigiar! É sua chance de avaliar os membros da equipe e ajudá-los no que for necessário. Ao mesmo tempo, é uma oportunidade para eles fazerem sugestões no intuito de melhorar o ambiente de trabalho diário.

ELEMENTO 2: **Gestão do tempo**

Vimos como é importante agendar reuniões de grupo, e também como é importante para o gestor passar algum tempo com os membros da equipe individualmente. Conforme pensa na melhor maneira de agendar interações desse tipo, vale a pena considerar a questão da gestão do tempo. Se você tem curiosidade assertiva, uma das perguntas mais importantes que pode fazer é: "De quanto tempo você precisa?" Podemos nos referir a essa pergunta como "tempo na tarefa", e ela deve ser feita em todas as discussões sobre temas relacionados ao trabalho. Aprender a usar bem o tempo é fundamental tanto para gestores quanto para subordinados. É fato que as pessoas precisam de ajuda para aprender a gerir o tempo de modo eficaz. Alocar o tempo de maneira realista significa melhorar a produtividade. A forma como a empresa e o gestor definem as expectativas de tempo pode melhorar o desempenho de todos os funcionários.

Sobre a gestão do tempo, uma regra de ouro é: "Espere mais para receber mais." Altas expectativas são importantes para todos, sobretudo quando levamos em conta uma das leis mais conhecidas no mundo corporativo: o trabalho aumenta até preencher todo o tempo disponível. Quando você passa a esperar que sua equipe cumpra uma tarefa no prazo designado, está criando uma profecia autorrealizável, sobretudo se tiver expectativas igualmente elevadas sobre si mesmo.

A melhor ferramenta de gestão de tempo para funcionários de uma empresa é, sem dúvida, manter um registro diário de como utilizam o tempo. Ao pedir que seus subordinados passem a fazer esse controle, não esqueça de utilizar a curiosidade assertiva. Em vez de apresentar o diário como uma forma invasiva de bisbilhotar o que as pessoas fazem a cada segundo do dia, deixe claro que você está apenas saciando uma curiosidade saudável sobre como as coisas são feitas. Provavelmente os resultados serão interessantes e surpreendentes.

Como criar o diário

John é dono de uma empresa de edição e pós-produção de filmes em Los Angeles. Ele emprega uma equipe de editores que trabalha em filmes de Hollywood e também em projetos menores, independentes. Grande parte do trabalho é feita à noite, e até as pessoas mais acostumadas a trabalhar nesse período tendem a perder eficiência lá pelas 3 ou 4 da manhã. John queria que seus funcionários criassem o diário para enfatizar a necessidade de hábitos de trabalho melhores, mas sabia que havia um risco em simplesmente ordenar que eles fizessem isso.

Assim, John pensou numa forma diferente de introduzir o assunto. Comprou cronômetros baratos numa loja de artigos esportivos e os entregou à equipe. Em seguida, pediu que todos assistissem a uma das partidas de futebol americano que passariam na TV naquele fim de semana e calculassem quanto tempo da transmissão era dedicado ao esporte de fato e quanto tempo era perdido em comerciais ou outras interrupções. Conforme ficou claro pelos registros dos funcionários, a parte da ação do jogo de fato foi de menos de 7 minutos e 30 segundos de uma transmissão que, no todo, demorou mais de três horas.

Com essa informação, John não teve dificuldade para sugerir que seus editores fizessem algo similar, registrando o tempo que trabalhavam de fato. E os editores encararam o pedido praticamente como um jogo. Queriam verificar quanto tempo trabalhavam ao longo de um turno de oito horas. Assim que terminaram os relatórios, todos perceberam que havia uma questão séria ali. Os resultados não foram tão impactantes quanto os de uma partida de futebol americano, mas ficou bem claro que eles não estavam usando o tempo disponível da maneira ideal. Com esse exercício de curiosidade assertiva, os funcionários compreenderam que algumas mudanças eram necessárias. E, como John exercitou suas habilidades interpessoais de forma criativa, a lição foi dada sem ressentimentos de ambas as partes.

Esse tipo de registro revela que pessoas diferentes trabalham bem de formas diferentes. Sua consciência desse fato deve refletir na maneira como você conversa sobre os registros e as expectativas que tem para cada funcionário. Pensadores brilhantes na sala de reunião podem ser muito menos eficazes nas negociações cara a cara com clientes. Pessoas com muita experiência prática podem se sair mal em apresentações ou na elaboração de relatórios. As pessoas precisam ter oportunidades para descobrir quais são seus talentos e usá-los da melhor maneira. Então, com o passar do tempo, podem se sentir motivadas a desbravar áreas nas quais não são tão boas.

ELEMENTO 3: **Peça ajuda aos seus chefes**

No papel de gestor, uma de suas maiores responsabilidades é ter curiosidade assertiva sobre seus funcionários e melhorar e aumentar as habilidades deles. No entanto, você precisa de ajuda nessa tarefa. Em especial, seus superiores têm o poder de criar um ambiente favorável à curiosidade e às realizações. Como gestor, é seu papel deixar isso claro para seus chefes.

Quando esse ambiente empolgante e carregado de curiosidade assertiva começa a tomar forma, os gestores e executivos passam a se enxergar como educadores, não só como chefes. Que qualidades específicas esse ambiente precisa ter? Os recursos apropriados criam oportunidades para gestores e funcionários refletirem e resolverem suas preocupações. Os gestores recebem apoio e tempo para desenvolver novas ideias e abordagens. O fator mais importante, porém, é um forte senso de propósito. Estabelecer metas é fundamental, antes de tudo para a organização como um todo, e depois para cada membro da equipe no plano individual. O estabelecimento de objetivos é tão importante que devemos refletir sobre o tema para compreender como ele expressa a curiosidade assertiva.

ELEMENTO 4: **Estabeleça objetivos – faça as perguntas certas**

O melhor é começar com algumas perguntas. O que você gosta de fazer? Quais são seus interesses? Quais são suas paixões? Faça essas perguntas a si mesmo e também aos membros da sua equipe. Deixe claro que as respostas não precisam estar relacionadas ao trabalho, pelo menos não de início.

Em seguida, pergunte como essas paixões podem ser utilizadas no ambiente de trabalho. Como seus interesses podem aumentar a lucratividade da empresa e, por sua vez, levá-lo a evoluir na carreira? Tenha em mente que você não é a única pessoa no mundo que possui esses talentos, talvez nem na empresa. Então em que você pode ser único? Como pode ser melhor? Ao observar o ambiente corporativo, o que você enxerga? Onde se encaixa? Onde vê uma oportunidade? Essas são perguntas fundamentais, do tipo que pessoas que possuem curiosidade assertiva naturalmente fazem a si mesmas para alcançar seus objetivos.

Sempre que pensar em objetivos, você deve fazer a si mesmo outras perguntas relacionadas ao tempo, sobre as quais falamos no Elemento 3.

Quanto tempo você vai demorar para alcançar seus objetivos? Como conseguirá avaliar seu progresso nesse período?

Após identificar seus talentos, traduzi-los em objetivos específicos e estabelecer um prazo para alcançá-los, você precisará fazer outras perguntas. Consulte seus colegas de trabalho. O que eles pensam dos seus objetivos? Essa também é uma oportunidade de conhecer as aspirações deles.

Sempre que pensar sobre objetivos, sejam os seus ou os de alguém de sua equipe, tenha em mente que será difícil alcançá-los. Se não forem objetivos difíceis, você deve duvidar que sejam realmente válidos. Um objetivo genuíno deve ser difícil. Deve testar sua força de vontade. Sua determinação deve ser desafiada. Quando isso acontecer, você redobrará os esforços ou irá desistir?

Por fim, há uma pergunta fundamental que você precisa fazer: seus objetivos são estabelecidos pelo seu ego ou por um senso mais elevado? Seu objetivo é superficial ou de fato será benéfico para seu trabalho e sua vida? A ideia fundamental aqui é a de aperfeiçoamento. Ao alcançar seu objetivo, você deve estar muito melhor que antes. Isso não significa um aumento de salário. É claro que o dinheiro é importante, mas também existem coisas imateriais que vão melhorar sua situação depois que seus objetivos forem alcançados. Que coisas são essas? Como você pode identificá-las e usá-las para se motivar? Como elas podem levá-lo do ponto onde você está agora ao ponto onde realmente quer e precisa estar?

Como alcançar seus objetivos

Embora seja comum ver livros de desenvolvimento pessoal falando sobre objetivos e como estabelecê-los, os objetivos em si raramente são ligados a ideias como a assertividade ou a curiosidade. Na verdade, a própria importância do estabelecimento de objetivos tem feito com que essa ação seja discutida de maneiras previsíveis. As pessoas perguntam "Quais são seus objetivos?", e parece que quem for capaz de listar o maior número é o vencedor. Mas não é esse o ponto. Elaborar uma lista de objetivos pode até ser divertido, mas não há por que fazer essa lista se você nunca for capaz de chegar lá. O que as pessoas realmente precisam perguntar é: "O que você vai fazer para alcançar seus objetivos?" Isso é curiosidade assertiva.

Muitas pessoas tentam estabelecer objetivos como sair para a viagem dos sonhos sem o mapa para chegar ao destino. Uma coisa é sonhar com o lugar para onde se quer ir, mas você precisa saber se deve ir para o norte ou para o sul. Em geral, os mapas são de papel, mas hoje também podem estar na tela do computador, do celular ou do GPS, e você deve se valer de todos esses meios ao dar o importantíssimo passo de definir seus objetivos. Eles devem estar escritos não só como anotações informais, mas também como um plano de ação cuidadosamente organizado. Faça isso por si mesmo e encoraje os membros de sua equipe a fazerem o mesmo.

Como alinhar seus objetivos a seus valores

Quando começar a projetar um objetivo, certifique-se de que é algo que você realmente deseja, não apenas algo que parece bom ou que talvez você devesse querer. Ao estabelecer objetivos, lembre-se de que eles devem ser consistentes com os seus valores. Se você não sabe quais são os seus valores, agora é um bom momento de se questionar sobre eles com curiosidade assertiva. Faça o mesmo com os membros da sua equipe. Quando for encorajá-los a pôr os objetivos no papel, encoraje-os também a refletir sobre as próprias crenças e sobre como as desenvolveram. Dessa forma, estabelecer objetivos pode se tornar uma poderosa habilidade interpessoal.

Por exemplo, se alguém da sua equipe diz que quer triplicar a renda, parabenize-o pela ambição. Em seguida, pergunte até que ponto ele está disposto a se esforçar para alcançar esse objetivo. Ele vai trabalhar nos fins de semana para montar uma apresentação ou fazer uma pesquisa? Talvez esse tempo a mais que ele terá que passar na empresa vá de encontro a outro objetivo dele, como passar o máximo de tempo com a família.

Uma boa ideia é se questionar sobre seus objetivos em pelo menos seis áreas diferentes da vida: carreira, família, finanças, saúde física, educação e espiritualidade. Ao enxergar todas essas áreas com mais clareza, você se tornará uma pessoa mais completa e perceberá que suas habilidades interpessoais também se fortalecerão.

Afirme seus objetivos com palavras positivas

Escreva sempre seus objetivos usando termos positivos em vez de termos negativos, e estimule os outros a fazerem o mesmo. Pense no que você deseja, não no que quer deixar para trás. Parte da razão para escrever seus objetivos é criar um conjunto de instruções a serem seguidas pelo seu subconsciente. O subconsciente é uma ferramenta muito eficiente, porém limitada. Não distingue pensamento de realidade nem certo de errado. Sua única função é executar instruções. Quanto mais positivas são as instruções que você dá, mais resultados positivos terá. Essa é a premissa básica de todas as formas de desenvolvimento pessoal, inclusive o desenvolvimento de habilidades pessoais. Dê ao seu subconsciente a atenção que ele merece.

Registre os objetivos detalhadamente

Pelo mesmo motivo, quando for listar um objetivo, certifique-se de colocar o máximo de detalhes possível. Caso seus objetivos não estejam muito definidos na sua mente, você pode fazer algumas perguntas a si mesmo com foco na curiosidade assertiva. Em vez de escrever "Eu quero receber mais responsabilidades na minha empresa", escreva "Eu quero me tornar diretor de recursos humanos nos próximos cinco anos para aumentar a diversidade da nossa força de trabalho". Mais uma vez, ao fazer isso você estará dando instruções ao seu subconsciente. E quanto mais informações der, mais claro será o resultado. Quanto mais preciso for o resultado, mais eficiente se torna o subconsciente. Nesse sentido, a mente é como uma empresa: precisa de um bom plano de negócios para funcionar com eficiência. Sua lista de objetivos é como um negócio no qual sua mente vai investir e trabalhar para fazer funcionar. Se você fecha os olhos e enxerga o objetivo que deseja alcançar, seu coração e sua alma também enxergarão.

Imagine que alguém lhe peça para escrever numa folha de papel a quantia máxima que você é capaz ganhar ao longo dos próximos doze meses. Talvez de primeira você pense em valores estratosféricos, fora da realidade: "Eu posso ganhar um milhão, ou até dois milhões." Mas isso é muito assustador, portanto você não coloca esses valores no papel.

O que isso lhe diz? Se você tem medo até de escrever o valor, imagine o medo de fazer com que isso aconteça. Sua relutância e sua dificuldade mostram que existe uma verdade por trás dos valores aparentemente descabidos que surgiram na sua mente. Embora eles não estejam baseados em nada palpável no presente, de fato não precisam estar. Afinal, seus pensamentos são só o primeiro passo, e o verdadeiro primeiro passo de qualquer coisa nunca se baseia em nada palpável. Quando o primeiro avião levantou voo isso se deu no mundo real ou na mente de quem o criou?

Derrote o observador imaginário

Essa é a verdadeira dificuldade que as pessoas encontram ao tentar formular um objetivo específico – sobretudo se tiverem que pôr esse objetivo no papel. Numa situação como a anterior, talvez alguém lhe diga que só você vai saber qual foi o valor que anotou no papel, que ninguém mais verá esse número, mas no fundo não acreditamos nisso. Para a grande maioria de nós existe uma pessoa imaginária espiando por cima do nosso ombro. Essa pessoa imaginária vê o número escrito e diz: "Que maluquice é essa? Você não vai ganhar isso tudo nem em cem vidas!" E assim acabamos deixando a pessoa imaginária tomar a decisão por nós. Fazemos isso sem nos darmos conta de que, assim como os milhões que você queria anotar no papel, essa pessoa imaginária existe apenas na sua imaginação. E como essa pessoa imaginária tem uma visão negativa, você fica muito mais inclinado a acreditar nela. Por quê?

Não permita que esse observador imaginário tome decisões limitadoras por você. Tenha em mente que, assim como seus devaneios mais loucos, ele não tem qualquer base na realidade. O importante é aquilo em que você acredita, ou até em que *quer* acreditar. Concentre-se no que você deseja e evite trazer seu porta-voz imaginário para a "realidade".

Vamos deixar isso ainda mais claro. Se você acredita que algo é possível, mesmo que seja em seus sonhos mais loucos, então esse é um objetivo que vale a pena perseguir. Só precisa ser algo em que você consiga acreditar, ainda que vagamente, ser possível. Você precisa ser capaz de levar esse objetivo a sério, mesmo que ninguém mais leve. Para se tornar um mestre das habilidades interpessoais, você precisa ser capaz de criar nas pessoas ao redor o poder de acreditar. A capacidade de transportar o que está na sua mente para a mente delas é a verdadeira definição de comunicação.

No próximo capítulo vamos passar da elaboração das perguntas certas ao compartilhamento das melhores respostas. Nosso foco vai mudar da curiosidade assertiva para a comunicação assertiva.

EM AÇÃO

1. O contato frequente é fundamental para o seu sucesso e o da sua equipe. Você tem reuniões semanais com seus subordinados e com seus superiores? Se não tem, reserve um tempo para isso. Envie essa sugestão para os possíveis envolvidos, incluindo proposta de datas e horários, e deixe claro qual é o seu objetivo.

2. Muitos de nós são mais negativos do que imaginam. Gastamos muito tempo e muita energia dizendo o que "não queremos" em vez de dizer o que queremos. Ao longo de um dia, anote todas as vezes que você disser ou pensar algo que não quer na sua vida. Quando perceber isso, pare um segundo e diga o contrário (o que você quer), na afirmativa. Anote quaisquer mudanças que perceber na sua vida enquanto pratica esse exercício.

3. Faça uma lista dos seus maiores desejos. Permita-se pensar grande. Anote toda e qualquer ideia que tiver, sem filtrar nada. Depois, reserve algum tempo para transformar esses desejos em objetivos – para isso, estabeleça os passos a dar, como será a linha do tempo e qual é o resultado desejado. Por fim, durante cinco minutos diariamente, ao longo de 21 dias, imagine que esses objetivos estão se tornando realidade. Entregue-se às experiências e sensações que tiver ao imaginar e permita-se desfrutá-las plenamente.

ANOTAÇÕES

7

Da curiosidade ao entendimento

*Qualquer tolo é capaz de criticar, condenar e
reclamar – na verdade, a maioria deles faz isso.*

– Dale Carnegie

VIVEMOS NUMA SOCIEDADE QUE VALORIZA ao extremo as habilidades comunicativas. Ao mesmo tempo, nós nos tornamos bastante sofisticados em como essas habilidades se expressam. Gostamos de pessoas que se expressam bem, mas sabemos que existe mais de uma forma de fazer isso. Ronald Reagan era conhecido como o Grande Comunicador, mas Barack Obama também é um comunicador excepcional, com um estilo bem diferente do de Reagan e de qualquer outra pessoa.

À luz disso, é possível tirar uma conclusão geral sobre o que há por trás de uma boa comunicação? Sim e não. Por um lado, existem certos princípios que embasam toda comunicação eficaz, mas por outro existe uma infinidade de formas de aplicar esses princípios. Na verdade, a variedade de formas equivale ao número de pessoas que irão aplicá-los.

Caso você esteja numa posição de liderança e responsabilidade, saber como lidar com pessoas é tão importante quanto o conhecimento técnico ou administrativo. Gestores eficientes são em parte trabalhadores e em parte diplomatas. Eles compreendem que trabalhar com pessoas requer certo tato e validam as palavras de Dale Carnegie: "Ao lidar com pessoas, lembre-se de que você não está lidando com criaturas lógicas, mas com criaturas emotivas, criaturas cheias de preconceitos, motivadas por orgulho e vaidade."

A seguir, apresento algumas regras fundamentais para a comunicação no ambiente de trabalho. Para dominá-las, você precisa internalizá-las. Simplesmente fingir que isso está acontecendo não vai levá-lo muito longe.

Chame as pessoas pelo nome. É o som mais doce que alguém pode ouvir. Quando fala o nome do seu interlocutor, você personaliza a mensagem; a mensagem passa a ser dele. Essa estratégia também mostra que você se importa com a pessoa, que a considera especial. Chamar as pessoas pelo nome é uma ferramenta bastante simples para baixar a guarda delas, pois ao fazer isso você estabelece um elo. Ao conversar, fale o nome da outra pessoa de vez em quando e comece as frases com ele: "Steve, como você está?"

Admita seus erros. Talvez você pense que perderá prestígio se admitir um erro. Não é verdade. Reconhecer um erro é uma das coisas mais honradas que você pode fazer no ambiente de trabalho, pois pouquíssimas pessoas são capazes disso. Aprenda a colocar o ego de lado e admita que não é perfeito. Só não exagere mandando um e-mail para a empresa inteira sobre o erro ou pedindo desculpas a cada cinco segundos durante uma reunião. Basta um simples "Eu cometi um erro e tenho consciência disso".

Confie na capacidade das pessoas. Algumas pessoas comumente rotuladas de "maníacas controladoras" acham que só elas são capazes de fazer as coisas direito. Não seja uma dessas pessoas. Confie nas habilidades dos outros. Aliás, confie em que eles farão o melhor trabalho possível. A questão aqui não é ter expectativas excessivamente altas – é que quando mostra que acredita na pessoa, você a encoraja a dar o melhor de si para não decepcionar. Ao mesmo tempo, tenha paciência com aqueles que ainda estão aprendendo tarefas novas.

Demonstre interesse sincero. Todas as pessoas com quem você lida têm histórias ricas, interesses e experiências. Descubra essas histórias, mesmo que você ache que não tem nada em comum com elas. Se um colega de trabalho lhe diz que gosta de jogos on-line, pergunte a ele sobre o assunto. Tente realmente entender os motivos dele. Ao demonstrar curiosidade sincera, você não só aprenderá algo novo como se lembrará do que aprendeu sem qualquer dificuldade. As pessoas gostam de ser lembradas.

Elogie. Não diga apenas "Bom trabalho". Seja específico ao elogiar e mostre que sabe exatamente o que a outra pessoa fez. Exemplo: "Você comandou a reunião muito bem, Mike, sobretudo quando todos estavam distraídos." Ao mesmo tempo, seja comedido nas críticas. Quando for necessário ensinar algo ou dar um feedback construtivo, seja diplomático e tenha tato. Falaremos mais sobre esse assunto ainda neste capítulo.

Mantenha sua palavra. Não diga que vai fazer algo se não tiver intenção de fazer. Sua palavra conta muito para sua credibilidade. Se você não cumprir suas promessas, não receberá tarefas importantes e provavelmente não irá longe na carreira.

Demonstre gratidão. Se alguém lhe faz um favor ou se esforça para fazer algo por você, reconheça o esforço. Você não tem nenhum direito especial a favores, e ninguém precisa fazer um esforço extra por você. Portanto, caso alguém lhe faça um favor, agradeça e se ofereça para fazer algo em troca.

Seja prudente. Jamais presuma que as pessoas vão entender exatamente o que você quis dizer. Algumas vão procurar pelo em ovo para encontrar problemas no que você falou, como alguma ofensa pessoal. Você não pode mudar essas pessoas, mas, quando estiver perto delas, pode estruturar suas frases com mais cuidado. Pense antes de falar e evite ambiguidades que possam provocar interpretações equivocadas.

Ao se esforçar para compreender o ponto de vista dos outros você evita desentendimentos. Talvez você tenha certeza de que está correto sobre uma questão qualquer, mas tenha em mente que a outra pessoa pensa exatamente o mesmo – ela acha que as ideias e crenças que tem são as corretas. Você precisa respeitar a opinião dela e tentar entender por que ela pensa da forma que pensa. Em vez de discutir, peça a ela que explique o ponto de vista que defende. Você não precisa concordar, mas pode dizer: "Entendo seu raciocínio."

Ofereça-se para ajudar. De vez em quando, deixe de lado a descrição do seu cargo para ajudar os outros nas tarefas. Faça isso sem ser requisitado. Perguntar "Precisa de ajuda?" tem dois efeitos. Primeiro, você encoraja os outros a fazerem o mesmo, criando um ambiente de trabalho mais positivo. Segundo, as pessoas farão favores a você no futuro, pois a bondade que praticamos sempre retorna a nós.

Seja humilde. Quando todo mundo percebe que você está se esforçando para impressionar colegas e superiores, acaba gerando o efeito contrário. Ninguém gosta de gente exibida. Se você quer que seus feitos sejam reconhecidos, precisa exercitar a paciência. Suas conquistas serão genuinamente valorizadas se você permitir que os outros as descubram em vez de fazer questão de exibi-las. Se, além disso, você evitar divulgar suas conquistas, sua humildade o levará a ser ainda mais respeitado.

Ajude os outros a não passar vergonha. Todo mundo comete erros. Tente se lembrar da última vez que cometeu uma gafe constrangedora. Na hora você queria que alguém aparecesse e tirasse o peso da situação, não é? Faça isso pelos outros. Quando alguém fizer bobagem, ria do deslize junto da pessoa (não ria dela), dê um tapinha no ombro dela e diga: "Acontece com todo mundo!" Deixe claro que isso não é o fim do mundo. Se for mais apropriado, em vez de dar uma atenção desnecessária ao erro não diga nada.

PRIMEIRO O MAIS IMPORTANTE

Existem certas situações em que obviamente as habilidades comunicativas são fundamentais. Por exemplo, quando acaba de conhecer alguém, você naturalmente quer passar uma primeira impressão positiva. Está mudando de cargo na empresa? Talvez você esteja iniciando uma carreira e esteja prestes a conhecer a nova equipe. Ou talvez esteja num evento social e precise se apresentar a possíveis novos amigos. Qualquer que seja a situação, uma boa primeira impressão é essencial para começar a relação com o pé direito.

QUANDO VOCÊ É A NOVIDADE

Num ambiente de trabalho, geralmente você terá oportunidade de se apresentar a cada membro da equipe, um a um, e também ao grupo como um todo. Em geral, vale a pena conversar com todos individualmente e também num ambiente formal de grupo.

Se você é gestor, tenha em mente que uma mudança pode desestabilizar as pessoas que você comandará. Elas podem suspeitar que você vai mudar a forma de trabalho da equipe – e talvez você de fato mude. É como se um estranho entrasse na casa deles e resolvesse mudar os móveis de lugar. Você tem autorização para comandar a equipe, mas existem maneiras certas e erradas de fazer as coisas.

Comece deixando claro para a equipe que você está sempre aberto a feedbacks e sugestões. Também vale a pena verificar os tipos de treinamento que a equipe já fez. Ao descobrir o que a equipe já sabe ou já faz, você pode seguir com seu trabalho com mais confiança e conhecimento.

É perfeitamente compreensível que todo e qualquer gestor ou líder queira deixar sua marca na equipe. Mas se você tentar fazer isso sem saber como as coisas eram feitas antes, pode acabar passando uma primeira impressão ruim. E, como se sabe, só se passa a primeira impressão uma vez. Por isso, antes de fazer qualquer mudança, vale a pena descobrir como a equipe trabalha. Conheça as pessoas e observe como elas trabalham. É possível que elas já tenham grandes ideias de mudança nas quais você nem pensou.

Após passar algum tempo conhecendo as pessoas, você pode dizer a elas como espera que a equipe funcione. Lembre-se: é possível que você tenha assumido o lugar de alguém com um estilo de liderança totalmente diferente do seu. Tudo o que você puder fazer para simplificar esse processo de mudança será muito benéfico.

Eis algumas dicas finais para dar feedbacks construtivos:

- **Responda à pergunta "Quando?".** O feedback eficaz leva em conta o momento, o lugar e a situação. Prepare de antemão o que você tem a dizer, anotando exatamente o que pretende falar sobre assuntos específicos. Avise antecipadamente que você dará feedback, para não pegar ninguém de surpresa.
- **Responda à pergunta "Onde?".** Dê feedback em particular, se possível.
- **Responda à pergunta "O quê?".** O conteúdo do feedback e como ele será dado são dois aspectos fundamentais. Acima de tudo, o feedback precisa ser construtivo e direcionado. Concentre-se em uma área de cada vez. O feedback verdadeiramente construtivo é claro, objetivo e específico. Evite fazer comentários generalizados. Concentre-se nas habilidades ou práticas que seu subordinado é capaz de controlar. Seja descritivo e evite fazer julgamentos. Evite usar palavras extremas, como *sempre* e *nunca*. Não é fácil dar feedback negativo, mas combinar críticas e elogios é sempre uma tática eficaz.

- **Responda à pergunta "Quem?"**. Dê feedbacks individuais e sempre dê ao funcionário oportunidade de responder. A boa comunicação não é uma via de mão única. Se a pessoa sente necessidade de se defender ou se explicar, permita que ela faça isso. Em seguida, trabalhe em parceria com ela para encontrar uma solução conjunta.
- **Saiba como pedir feedback e como dar feedback a quem lhe deu.** A habilidade de dar e receber uma resposta honesta é fundamental para a comunicação. Nesse sentido, uma abordagem bastante útil é a E-R-E, ou "Elogio, Recomendação, Elogio". Primeiro você faz um elogio sincero, depois dá algumas sugestões práticas de melhoria e por fim fecha com outro elogio. Lembre-se de demonstrar empatia e sinceridade a cada passo.

Em qualquer forma de comunicação interpessoal, tenha sempre em mente que aquilo que você considera verdade é uma questão subjetiva. O que você considera ineficaz, inapropriado ou até de mau gosto pode ser perfeitamente aceitável ou até desejável para outra pessoa. Por isso é importante permear todo e qualquer feedback construtivo com uma boa dose de elogios sinceros. Lembre-se: a postura de quem fala influencia a postura de quem ouve, o que, por sua vez, leva a ações de ambos os lados.

SEJA CLARO

Em conferências e palestras, em geral, pede-se que todos desliguem os celulares antes de o primeiro palestrante começar a falar. Mas o que aconteceria se, em vez disso, pedissem que as pessoas colocassem o toque do celular no volume máximo? Certamente haveria uma interrupção irritante a cada poucos minutos. Ou pior: provavelmente vários celulares tocariam ao mesmo tempo.

Algo muito parecido com isso vem acontecendo toda vez que conversamos com outras pessoas. Talvez você não escute, mas várias vezes por minuto o "telefone celular mental" da pessoa está tocando – e há momentos em que ela atende o telefonema e tem uma conversa interna. Você não sabe porque continua falando. E você provavelmente já atendeu esse "telefonema mental". Por fora, parece que você está escutando atentamente a pessoa à sua frente, mas na realidade está com a cabeça em outro lugar.

A mente humana não é capaz de receber muitas informações ao mesmo tempo. E, de uma forma ou de outra, recebemos mensagens a cada segundo do dia – seja pela visão, pela audição ou por pensamentos. Para obter a atenção total de alguém em meio a esse bombardeio, você precisa se comunicar de forma clara, direta e objetiva. Para isso, veja a seguir algumas dicas.

Tenha calma. Cada pessoa é de um jeito, mas, por incrível que pareça, todas são iguais. Todos nós somos um tipo e, ao mesmo tempo, um indivíduo, com semelhanças e diferenças. Para se comunicar de maneira eficaz, a primeira exigência é saber quais características você compartilha com a outra pessoa e em que aspectos vocês são diferentes – e isso leva algum tempo. Muitas pessoas simplesmente presumem que sabem tudo o que precisam saber sobre os outros e simplesmente começam a falar. Se você tem algo de importante a dizer a alguém que acabou de conhecer – seja um funcionário recém-contratado do departamento ou a nova técnica do time de futebol infantil da sua filha –, não presuma que sabe tudo o que precisa saber sobre a pessoa. Isso vale ainda mais caso você esteja numa posição de liderança, como chefe de departamento ou gerente de vendas.

Seja franco ao falar de suas necessidades. Isso é fundamental tanto na comunicação profissional quanto na pessoal. Você precisa ser assertivo, mas não agressivo; franco, mas não grosseiro. Imagine, por exemplo, que você acha que é hora de pedir aumento. Esse é um pedido que traz à tona questões delicadas de comunicação com as quais você terá que lidar da maneira correta. Não é só entrar no escritório do seu chefe e falar que quer ou precisa de mais dinheiro. Você deve lidar com a questão com respeito e planejamento, muito antes de fazer o pedido. Comece a pensar nos seus argumentos semanas ou até meses antes de conversar com seu superior.

Tenha tudo registrado. Uma boa forma de justificar o pedido de aumento é registrar todas as tarefas que você tem feito para seu chefe, sejam elas simples ou monumentais. Se você for esperto, começou a fazer isso no início. As metas que você bateu o ajudarão a embasar o pedido de aumento de salário. Em suma, você está pedindo ao seu empregador que aumente os próprios custos, portanto precisa de uma boa justificativa para convencê-lo.

Imagine que você é um advogado argumentando diante do juiz e do júri. Você precisa elaborar uma defesa que garanta uma decisão favorável a seu cliente – mas esse cliente é você mesmo. Seu empregador não levará o pedido a sério se você mesmo não se levar a sério. Portanto, esforce-se e dedique tempo suficiente à preparação do pedido. Liste todos os pontos. Você teve uma ideia que levou a empresa a poupar muito dinheiro no ano passado? Ótimo, mas não esqueça que você se vestiu de Papai Noel para a festa de Natal corporativa e encontre um jeito de incluir isso na conversa.

A forma de apresentar os argumentos é tão importante quanto os dados reunidos. É nesse ponto que a clareza e a calma são fundamentais. Qualquer que seja o resultado do seu pedido, mantenha a dignidade e o orgulho profissional. Se seu pedido é legítimo, você vai conseguir o que deseja, seja agora ou no futuro.

Em conversas mais pessoais, ser direto e sincero é muito mais importante do que apresentar documentos e provas. A maioria das pessoas não quer ser relembrada do histórico do relacionamento. Não quer ser relembrada do que foi dito numa festa dois anos atrás nem das promessas que foram feitas numa praia ao pôr do sol. Mas uma coisa é certa: não importa com quem você esteja falando nem qual seja o objetivo da conversa, você precisa saber quais são as suas necessidades e deve comunicá-las com toda a clareza. Se seu pedido for negado, pelo menos você saberá que deu o melhor de si. Mas se você realmente der o melhor de si, provavelmente terá seu pedido atendido.

PARA RESOLVER OS CONFLITOS, TRAGA-OS À TONA

Poucas pessoas nascem com a habilidade de resolver conflitos. Isso requer anos de prática, e essa prática pode ser dolorosa. Seja como for, o primeiro passo para a resolução de conflitos é abrir o jogo. Seus funcionários ou um ente querido podem guardar ressentimentos em relação a você. Como agir quando esses segredos são revelados?

Mantenha a calma. Você pode se sentir tentado a soltar os cachorros ou impor sua autoridade, mas a raiva faz com que você perca o foco e se interesse mais pela batalha do que pelo resultado positivo. Se você quer resolver conflitos com eficácia, precisa manter a compostura.

Encoraje a comunicação. O silêncio pode até valer ouro, mas provavelmente não ajudará a resolver conflitos. Encorajar a comunicação verbal é fundamental, e a melhor forma de fazer isso é escutar atentamente o que o outro tem a dizer.

Busque um resultado em que todos saiam ganhando. Quando surge um conflito, em geral o prognóstico inicial é de que alguém sairá ganhando e alguém sairá perdendo. Sob esse prisma, alguém se dará bem e alguém se dará mal. No entanto, existe a opção "ganha-ganha", que é uma solução na qual nenhuma das partes sai com a sensação de derrota. Para alcançar essa solução, o primeiro passo é acreditar que ela é possível. É por isso que, para criar um ambiente de trabalho produtivo, você precisa ser capaz de motivar sua equipe. Ao combinar boas práticas motivacionais, trabalho produtivo, estabelecimento de metas por desempenho e um sistema de recompensas eficaz, você pode criar a atmosfera e a cultura necessárias para alcançar a excelência. Quanto mais capaz você for de reunir esses fatores, maior será a motivação da sua equipe. Com isso, todas as partes envolvidas e a organização sairão ganhando.

Estabeleça as regras básicas. Quando as pessoas entram em conflito, é importante estabelecer regras ou acordos sobre o que é aceitável para resolver a questão. Essas regras básicas precisam ser fruto de um acordo entre as partes, não algo imposto por alguém, mesmo que esse alguém seja você.

Evite reações automáticas. Quando alguém solta os cachorros para cima de você, seu desafio é manter a compostura e a paciência. Evite adotar automaticamente uma postura defensiva. Deixe a outra pessoa expressar as preocupações dela, e até raiva. Quando permite que isso aconteça sem reagir, você ganha um poder tremendo, porque a pessoa que fica furiosa sozinha sempre perde. Como tática interpessoal, a raiva só funciona se as duas partes a utilizarem. Se você se recusa a participar desse jogo, automaticamente sai vencedor. Portanto, tenha a coragem necessária para encarar a verdade sem medo ou culpa, pois a verdade liberta.

ELOGIOS: A ARMA SECRETA

Em muitas culturas corporativas falta o elogio direto, pois a maioria das pessoas não sabe elogiar da maneira correta. Quando você elogia só para agradar o outro ou para se destacar, o elogio não passa de bajulação. Mas quando é feito de maneira sábia e sutil – de maneira criteriosa, específica e empática –, o elogio pode levá-lo longe.

Na verdade, não há nada mais poderoso na comunicação do que um elogio bem-feito, mas pouquíssimas pessoas sabem tirar vantagem desse fato. A regra fundamental do elogio é que ele seja criterioso, específico e empático. Isso significa que não pode ser uma bajulação genérica. Também significa que você precisa notar algo que a outra pessoa talvez não tenha percebido. Com esses dois passos você pode diferenciar seu elogio da pura e simples conversa fiada.

Faça elogios específicos. Descubra o que deixa a outra pessoa nervosa e procure fazer elogios que a deixem à vontade nesse sentido. Talvez você acerte em cheio ao elogiar um líder pela forma como ele fala e inspira seus subordinados. Um assistente talvez aprecie um elogio à sua capacidade de seguir as regras. Um escritor, à sua facilidade com as palavras. Preste atenção para descobrir onde falta confiança ao seu interlocutor. Em seguida, faça um elogio nessa área da maneira mais natural possível.

Elogie no momento certo. As táticas de elogiar e demonstrar apreço geralmente são mais eficazes logo após alguém fazer algo digno de elogio. Esse é o momento em que as pessoas estão mais nervosas e curiosas para saber se foram bem. Se você deixa o tempo passar, elas se acalmam ou se convencem de que se saíram bem e não precisam da aprovação de ninguém. O momento certo também precisa levar em conta o estado de espírito do outro. Se vir um colega de empresa desanimado e cabisbaixo, um elogio sincero e bem-feito pode motivá-lo e lembrá-lo de que faz um trabalho muito importante.

Faça elogios no nível profissional. Num ambiente corporativo, só faça elogios relacionados ao trabalho em si. Não dá para elogiar alguém por mandar um e-mail com uma piada.

Tenha cuidado ao elogiar seu chefe. Elogiar o chefe é algo que exige tato. Em geral, é melhor elogiá-lo indiretamente. Elogie seu chefe para os outros. Você pode usar as fofocas de escritório a seu favor. Fale bem do seu chefe para seus colegas. Diga como é agradável trabalhar com ele (só se for verdade, claro!). A famosa rádio corredor vai fazer suas palavras chegarem aos ouvidos do seu chefe quanto antes. Outra boa tática é descobrir quais são os interesses do seu chefe e conversar com ele sobre esses assuntos. Em geral, as pessoas não imaginam que os outros gostem das mesmas coisas que elas. Seu chefe se sentirá lisonjeado.

Os elogios precisam ser valiosos. Por que a platina é tão cara? Porque ela é rara. Para surtir o efeito desejado, seus elogios também devem ser raros. Se você exagera, seus elogios não só passam a ser esperados, como perdem o efeito. Da mesma forma, os elogios são mais valiosos quando são honestos. Assim, você precisa ganhar a reputação de fazer elogios honestos e no momento certo. Quando você passa a ser visto como uma fonte confiável de informações, seus elogios têm um efeito muito maior.

QUANDO OS RELACIONAMENTOS SE TORNAREM IMPRODUTIVOS, FAÇA MUDANÇAS

Para fechar este capítulo, vamos encarar o fato de às vezes, quando um relacionamento se torna tóxico demais, ser preciso se afastar. No entanto, esse passo drástico pode ser evitado com ajustes menos drásticos. Se você está preocupado com o possível desfecho de uma reunião, por exemplo, talvez seja uma boa ideia marcá-la para um lugar neutro, fora do ambiente de trabalho, em vez de realizá-la na sala do chefe ou na sala de reuniões da empresa. Às vezes isso significa mudar o horário da reunião, transferindo-a de depois do almoço para o começo da manhã, quando as ideias estão mais claras na cabeça. Também pode significar mudar seu nível de assertividade para que seu ponto de vista seja compreendido. E às vezes significa levar outras pessoas para a reunião com o objetivo de fazer a outra parte entender as consequências das posturas e ações dela.

Se nada disso funcionar, esteja preparado para se afastar do que for improdutivo.

EM AÇÃO

Muitos dos princípios abordados por Dale Carnegie em *Como fazer amigos e influenciar pessoas* se aplicam diretamente na comunicação. Circule o princípio que você considera mais difícil de pôr em prática e comprometa-se a começar a aplicá-lo imediatamente. Anote os benefícios que resultarão dessa mudança de abordagem.

- Para alcançar o melhor resultado possível de uma discussão, evite-a por completo.
- Demonstre respeito pela opinião da outra pessoa. Nunca diga que ela está errada.
- Se você estiver errado, admita rapidamente e de maneira enfática.
- Comece de forma amigável. Faça a outra pessoa dizer "sim" imediatamente.
- Deixe a outra pessoa falar na maior parte do tempo.
- Deixe a outra pessoa acreditar que a ideia é dela.
- Tente honestamente enxergar as coisas do ponto de vista da outra pessoa.
- Mostre empatia pelas ideias e pelos desejos da outra pessoa.
- Apele para os motivos mais nobres.
- Dramatize suas ideias.
- Fale de forma suave.
- Mantenha uma linguagem corporal receptiva.
- Mantenha o contato visual.
- Sorria no momento apropriado.
- Mantenha uma distância física apropriada.
- Mantenha uma postura de atenção, inclinando-se um pouco para a frente.
- Não interrompa.
- Se não for possível evitar o confronto, não vá pensando que precisa obter uma rendição incondicional. Dê sempre à outra pessoa abertura para recuar de forma honrosa.

ANOTAÇÕES

8

Etiqueta: regras básicas para habilidades interpessoais

Em vez de se preocupar com o que as pessoas dirão de você, por que não passar o tempo tentando realizar algo que elas vão admirar?

– Dale Carnegie

Etiqueta é só mais uma palavra para boa educação, e boa educação é quase sinônimo de habilidades interpessoais. A etiqueta é um sistema de ações e reações baseado na máxima "Faça aos outros aquilo que gostaria que fizessem a você" e é tão aplicável hoje aos grandes centros urbanos quanto era antigamente. Morar numa cidade grande pode ser maravilhoso, mas aprender as regras tácitas de viver nela é algo que demanda tempo e certos cuidados. Assim como no interior, se você for educado e respeitoso, as pessoas serão educadas e respeitosas com você. Por outro lado, se não estiver atento às regras básicas de etiqueta urbana, provavelmente você vai receber algumas caras feias.

Neste capítulo vamos analisar cenários e situações que exigem a boa etiqueta. Talvez você se surpreenda com alguns deles. Talvez não tenha se dado conta de que situações do dia a dia, como um bate-papo ou sair para tomar um café, têm regras de etiqueta a serem seguidas, mas ao fim deste capítulo dominará todas elas.

ETIQUETA NA CONVERSA

Quais assuntos podem ser conversados? A resposta é "todos", desde que você esteja com amigos ou familiares. E com colegas de trabalho? Bem, nesse caso você precisa ter cuidado.

Os assuntos não relacionados a trabalho que você pode abordar com segurança são aqueles que não provocam uma discussão desnecessária ou hostilidade. No ambiente de trabalho, alguns temas muito populares são esportes, atualidades, seu passado – além, claro, do trabalho em si. Se vocês trabalham juntos, é útil falar sobre o trabalho, mas em geral as pessoas gostam de variedade. Se estiver falando sobre sua carreira, evite descambar para fofocas sobre chefes ou colegas, mas pode falar bem deles à vontade!

Assim como uma conversa pessoal, uma boa interação profissional precisa fluir para se manter saudável. Talvez você seja uma pessoa que adora falar. Não há problema algum nisso quando você está socializando, mas para alguém que não o conhece bem isso pode ser irritante no âmbito profissional. E pode ser ainda pior: e quanto àquelas pessoas que dominam a conversa sem perceber? É como o mau hálito: nem seu melhor amigo avisa que você tem.

Você pode evitar essas armadilhas impondo a si mesmo um limite de tempo para evitar a tagarelice. Se alguém lhe fizer uma pergunta, responda em no máximo 60 segundos. Por outro lado, não se limite a falar o mínimo. O objetivo é manter um fluxo constante e estimular a atenção dos seus colegas. Numa conversa por telefone, manter a atenção é fundamental, pois você não pode ver com quem está falando, o que dificulta saber o nível de atenção da outra pessoa. Quando não estiver falando, deixe a outra pessoa terminar de falar sem interromper e sem tentar completar o que ela está dizendo. Quando for sua vez de falar, torça para a outra pessoa agir da mesma forma.

Assim como você trata respeitosamente a pessoa com quem está conversando, procure tratar bem todos os outros funcionários da empresa. Isso inclui todos mesmo – do presidente ao telefonista. Quando você demonstra igual respeito por todos, todos enxergam sua sinceridade. Mas também há uma razão pragmática para isso: se você quer falar com alguém e o assistente dessa pessoa vai com a sua cara, aumentam suas chances de ter a ligação transferida.

PRATIQUE A ESCUTA ATENTA

Escutar requer prática, porque é fato que todos querem falar. É como parar num semáforo ou pagar impostos: de início talvez você não goste muito de escutar, mas com o tempo compreende que é pelo bem maior. Se você é capaz de evitar falar tanto quanto um narrador esportivo ou um apresentador de programa de TV, está a um passo de ser um ouvinte profissional. Ouvir com atenção o que o outro tem a dizer o ajudará a conhecer a pessoa com quem está falando e também a criar um elo sólido, que servirá de base para você manter um relacionamento profissional saudável e contínuo. Se você consegue refrear a vontade de falar o tempo inteiro e escuta de forma respeitosa, suas palavras passam a ter mais força quando ditas nos momentos apropriados.

O passo seguinte à escuta atenta é fazer com que a outra pessoa *saiba* que você está escutando, o que também é conhecido como escuta ativa. Se você está falando cara a cara, pode reagir ao que é dito usando a linguagem corporal – fazendo contato visual, acenando com a cabeça. Tente fazer comentários breves sobre os pontos abordados e demonstre que compreendeu o que é dito. Pense nisso como uma forma de mostrar que está entendendo tudo e está prestando atenção.

Escutar pode ser um pouco mais complicado se a outra pessoa não tem muito a dizer. É claro que, nesses casos, você pode usar a educação para ir embora ou desligar o telefone, mas às vezes as pessoas querem se abrir, só que não conseguem. Você pode encorajá-las fazendo perguntas abertas e usando palavras-chave que mostrem seu interesse em determinado assunto. Um exemplo: quando estiver conversando com o diretor de promoções de uma empresa parceira de negócios da sua companhia, diga algo assim: "Eu nunca tinha trabalhado no ramo das promoções. Parece interessante. Quero aprender mais." Ao fazer isso, você deixa a outra pessoa à vontade e confiante para falar, e ela fica mais disposta a se abrir. É fácil fazer isso quando se dominam as habilidades de escuta.

ERROS DE ETIQUETA NUMA CONVERSA

A forma como você conversa com os outros faz uma grande diferença na *construção da sua credibilidade*, mas também pode levá-lo a perdê-la num piscar de olhos. Nesse sentido, os piores erros que você pode cometer são: falar de assuntos inapropriados, fazer fofoca, interromper o colega e erguer a voz.

Talvez você se sinta injustiçado quando seu chefe ou um cliente se irrita com você, mas ao interromper ou erguer a voz você só piora a situação. Gritar e interromper também não são estratégias adequadas para lidar com os *colegas*. Falar aos berros no escritório enquanto conversa com alguém do outro lado da sala distrai as pessoas e causa constrangimento, e interromper uma conversa para "entrar na roda" é sinal de impaciência e falta de respeito.

DICAS DE ETIQUETA PARA CONVERSAS

Não tenha grandes expectativas e não saia dos limites. Fazer perguntas básicas e prestar atenção nas respostas leva à concordância mútua e evita os assuntos considerados tabus. Evite falar da sua vida pessoal e não faça fofoca. Em vez de falar sobre os outros, faça elogios respeitosos. Se eles retribuírem na mesma moeda, agradeça. Você não vai se arrepender.

Não dá para se livrar do arrependimento que surge depois de uma discussão acalorada, portanto, quando tiver que lidar com um cliente ou um gestor furioso, seja proativo e procure resolver o problema. Em vez de interromper ou gritar, escute o que eles têm a dizer e não faça críticas ou julgamentos. Reflita sobre a questão principal e, com toda a calma, ofereça soluções. Provavelmente você se sentiria igualmente irritado se estivesse na pele deles, portanto imagine como gostaria de ser tratado nessa situação. Além disso, pense bem antes de começar uma conversa com um colega de trabalho. Primeiro tente descobrir se ele está ocupado e, caso esteja, volte em outro momento ou deixe um recado.

O TRADE-OFF

Com grandes poderes profissionais vêm grandes responsabilidades profissionais. A habilidade de trabalhar bem é fundamental, mas ser capaz de se portar sempre de maneira profissional é igualmente importante. Um erro constrangedor pode ser suficiente para causar sua demissão.

É difícil estar sempre a par do número cada vez maior de regras do que fazer ou não no ambiente profissional, mas os erros que apresento a seguir são condenados por todos. Veja como identificá-los e o que você pode fazer para evitá-los e se manter em segurança.

Falar palavrões, invadir o espaço pessoal alheio e viver de papo no celular estão no topo da lista de gafes comportamentais. (Aliás, quebras de etiqueta são ruins em qualquer ambiente, porém são mais prejudiciais no trabalho, pois as outras pessoas podem testemunhá-las de perto com regularidade.)

Não fale palavrões para enfatizar um ponto de vista. Isso acaba com sua credibilidade e faz com que você pareça infantil. Além disso, ficar muito perto dos colegas ou mesmo tocá-los não é sábio. Ambiente de trabalho não é lugar para intimidades.

Prefira sempre o humor a palavrões e grosserias, pois assim você mantém a atenção sobre si e será bem-visto pelos seus esforços. Quando estiver fazendo uma brincadeira ou apenas interagindo com alguém, procure manter pelo menos meio metro de distância, sorria com frequência e fale de uma forma que reconheça a presença de todos – sem ignorar ninguém –, como sinal de respeito.

A maioria das ligações de celular é desnecessária, e você pode reduzir o número de telefonemas usando o identificador de chamadas, o correio de voz e aplicativos de mensagens instantâneas – também sem exageros. Antecipe-se a possíveis telefonemas que receberá e ligue primeiro, antes do trabalho. Não atenda o celular durante reuniões e, se realmente precisar atender, fale baixo. Por fim, não deixe o celular à vista na mesa de trabalho ou na mesa de almoço.

ETIQUETA COM DINHEIRO

Todo trabalho gira em torno de dinheiro, certo? Errado. O trabalho gira em torno de muito mais do que apenas dinheiro. Ele tem a ver com pessoas, e o dinheiro é um veículo importante na sua forma de conduzir os relacionamentos com seus colegas de trabalho. É fato que questões pessoais de dinheiro surgem a todo momento no ambiente de trabalho, portanto é fundamental que você saiba lidar com elas. Assim, em vez de falar teoricamente sobre a etiqueta de questões financeiras, vamos abordar a melhor forma de lidar com algumas situações da vida real. Alguns destes exemplos são claramente relacionados a trabalho, outros claramente não são e outros ficam no meio do caminho. Mas dinheiro é sempre dinheiro, portanto é melhor estar preparado.

Alguém leva você para almoçar num restaurante caro mas dá uma gorjeta muito pequena. O serviço não foi ótimo, mas também não foi ruim. Você pode aumentar a gorjeta?

Depende de quem está com você. Se for um amigo próximo ou um parente, você pode dizer: "Se importa de eu aumentar a gorjeta? Acho que você não notou, mas nosso garçom foi muito legal comigo." Mas se estiver com alguém que não conhece bem, é melhor deixar para lá. Você não quer ser visto como um convidado ingrato ou implicante.

Seus colegas de trabalho estão fazendo vaquinha para um chá de bebê. Você é novo na empresa e não conhece o futuro papai ou a futura mamãe. Precisa contribuir com a mesma quantia que o pessoal com mais tempo de casa?

De jeito nenhum. Contribua com quanto puder, não precisa ser muito. Há empresas em que essas comemorações acontecem com tanta frequência que as contribuições acabam pesando no orçamento. Uma sugestão: proponha a criação de uma caixinha para festas e momentos como esse. Escolha um mês para começar e peça que todos contribuam com certo valor. A soma pode pagar pelas festas e pelos presentes no ano que vem. Nada de ficar passando o chapéu e muito menos fazendo pressão.

Sua filha vive pedindo que você contribua com projetos de caridade e de doação de livros da escola dela. Você não costuma deixar seus filhos pedirem doações a familiares com essa frequência. Como quebrar esse círculo vicioso?

Simplesmente diga "Não". Você se tornou a melhor fonte de dinheiro da sua filha, então por que ela deixaria de pedir? Da próxima vez, avise que vai parar: "Danielle, fico feliz em participar, mas aviso que este ano só vou doar dinheiro para esta campanha." Nunca é cedo demais para aprender a diferença entre um doador e um caixa eletrônico.

Você mora numa rua sem saída que termina num espaçoso terreno gramado. Os vizinhos se revezam no corte da grama. Ultimamente algumas pessoas (inclusive você) têm falado em contratar uma empresa para fazer o serviço, mas outras reclamaram do custo. E agora?

Caso não exista uma associação de moradores em que a maioria decide, você não pode forçar ninguém a contribuir. Assim, aceite com elegância a decisão de cada um, depois determine quando o serviço será feito e em quais semanas os moradores que não querem pagar vão cuidar do gramado.

O chefe do seu departamento vai completar mais um ano na empresa, por isso você e três subordinados seus estão fazendo uma vaquinha para comprar um presente pelo setor. O custo deve ser dividido igualmente? Ou você deve pagar mais por ser o superior no departamento e por ter mais tempo de casa?

O custo deve ser dividido igualmente por quatro. Provavelmente não sairá tão caro a ponto de alguém se sentir lesado, e sugerir que alguém não tem condições financeiras de fazer uma contribuição equitativa pode soar como um insulto.

ETIQUETA NO USO DO TELEFONE

Mais negócios são perdidos por incapacidade de se comunicar ao telefone do que por qualquer outra razão. O telefone é um meio de comunicação precário. Alguns dos motivos disso são óbvios. Ao falar ao telefone você não tem ideia do que a outra parte está fazendo, embora acredite que ela está totalmente atenta ao que você está falando. Na verdade, você não sabe nem se há mais alguém na sala, ouvindo a conversa do outro lado da linha. Portanto, tenha ciência da importância e dos perigos ao falar ao telefone. As orientações a seguir vão ajudar.

Sempre retorne as ligações em menos de 24 horas. Isso se aplica a qualquer telefonema, mas é especialmente válido para ligações de trabalho. Mesmo que você não tenha uma resposta para a pergunta de quem telefonou, ligue e explique o que está fazendo para obter as informações solicitadas ou direcione a pessoa a alguém capaz de dar essa resposta.

Se vai se ausentar do escritório, peça que alguém atenda às suas chamadas ou, no mínimo, deixe uma mensagem na secretária eletrônica avisando quando você estará de volta e quando poderá retornar a ligação.

Quando você liga e quem atende é um recepcionista ou secretário, identifique-se e explique por que está telefonando. Dessa forma, você será transferido para a pessoa ou o departamento corretos, e a pessoa com quem você está tentando falar poderá obter as informações desejadas e ajudá-lo com mais eficiência.

Quando for você a receber a ligação, diga quem é e qual é o seu departamento. Atenda com entusiasmo ou pelo menos com muita educação. Talvez o telefonema o tenha obrigado a interromper algo que estava fazendo, mas a pessoa do outro lado da linha não sabe disso!

Certifique-se de que o sistema de correio de voz está funcionando corretamente. Além disso, evite que a caixa de correio fique lotada, que a ligação seja transferida para outro ramal aleatório ou que o telefone toque pela eternidade. Ou seja, resolva problemas técnicos e de sistema. Uma máquina grosseira é tão inaceitável quanto uma pessoa grosseira.

Você não precisa atender as ligações que obviamente são de telemarketing. Se alguém está ligando para vender alguma coisa, você pode responder que não está interessado e desligar sem perder tempo. No entanto, tenha cuidado: é sempre possível que você receba um telefonema de uma seguradora ou de uma operadora de telefonia que quer contratá-lo como consultor! Portanto, descubra a natureza da ligação antes de encerrá-la (com educação, claro).

Muitas pessoas interagem por meios eletrônicos ou virtuais da mesma forma que se comportam dentro do próprio carro. Acham que, como não estão cara a cara com a pessoa, não há problema algum em ser grosseiro ou rude. Esteja atento a essa tendência: procure utilizar as vantagens desses meios de comunicação da melhor maneira possível e evite as desvantagens.

ETIQUETA NO RESTAURANTE

Sair para comer com amigos ou colegas de trabalho deve ser uma experiência social agradável. Ao final, é importante lidar com questões de dinheiro de forma discreta e educada. Estamos num momento em que o orçamento está apertado, e às vezes não dá para ignorar o alto custo de comer fora. Isso não significa que você deve sempre pagar a conta sozinho, mas também não finja que ela não existe.

Se você está convidando, deixe as condições bem claras. Você pode convidar amigos para ir ao restaurante sem pagar a conta sozinho, mas deve deixar isso bem claro. Diga: "John, será que você e Ellen querem ir jantar com a gente no sábado? Se estiverem a fim, eu faço a reserva." Mas, se quer pagar a conta sozinho, mude a frase. "Vamos jantar e vocês são nossos convidados." Um convite por escrito também dá a entender que você vai pagar sozinho.

Evite ficar calculando centavos. Quando sai com um grupo de amigos, você deve presumir que a conta será dividida igualmente, não calculada por pessoa. É a maneira mais fácil de lidar com a questão, então vá sabendo disso e siga o protocolo. Mas se só vai pedir uma salada e não vai beber nada, por isso quer pagar apenas a sua parte, peça uma conta separada antes de fazer o pedido (a maioria dos restaurantes não verá problema nisso). Ou, quando ainda estiverem planejando a saída, diga: "Eu quero ir, mas estou meio apertado este mês. Se importam se eu pagar só a minha parte?" Você não vai pagar pelo que não comer, e o acordo não precisa ser discutido à mesa.

Não deixe de dar a gorjeta. Se sua experiência no restaurante não foi maravilhosa, tudo bem se deixar a gorjeta sugerida pelo estabelecimento, ou até menos, se os garçons foram realmente grosseiros. Mas não deixar nada é rude e também ambíguo – o garçom pode achar que você se esqueceu. Reflita se o garçom realmente causou os problemas (talvez a comida tenha demorado a sair porque a cozinha estava lenta) e não espere a hora de ir embora para expressar sua insatisfação. Fale com o garçom assim que possível, para que ele tenha a chance de melhorar o serviço.

Deixe uma gorjeta para o bartender. Deixe sempre uma pequena gorjeta para o bartender, a não ser que o serviço tenha sido horrível. Garçons e bartenders sobrevivem de gorjetas. Se você tem condições de comer fora, também tem condições de dar gorjeta.

Deixe a gorjeta antecipadamente. Dê a gorjeta à pessoa que guarda os casacos ou ao manobrista logo que chegar. Independentemente de quanto você ganhe, seja sempre generoso ao dar gorjeta às pessoas que o servem.

Primeiro as damas. Num grupo de homens e mulheres, as mulheres sempre devem ter a preferência para escolher onde sentar. Com um gesto, o homem deve indicar que ela se sente primeiro; depois disso ele também pode se sentar. Da mesma forma, as mulheres sempre devem pedir primeiro. A maioria dos garçons instintivamente começa anotando o pedido da mulher; se o seu garçom não agir dessa forma, o homem deve deixar a mulher pedir primeiro. Talvez os dias de cavalheirismo tenham ficado para trás, mas o desejo de ser tratado com respeito continua vivo.

Não mexa no celular. Quando estiver no restaurante, não fique de papo no celular. Se precisar atender e não for nada urgente, simplesmente atenda e diga que vai ligar mais tarde. Melhor ainda: desligue o celular ou coloque-o para vibrar ou no silencioso. Uma regra de ouro para essa situação é: as pessoas devem estar sempre à frente dos aparelhos eletrônicos. Celulares também devem ser desligados no cinema, em concertos, peças de teatro e em qualquer outro momento em que possam incomodar as pessoas ao redor.

O tempo está sempre passando. Não há problema algum em falar alguma piadinha para o garçom ou o caixa, afinal, é importante reconhecer a existência dessas pessoas como seres humanos, não como meros serventes. Mas evite ficar de papo como se não houvesse mais ninguém esperando para ser atendido.

RESUMINDO A ETIQUETA

A maioria dos comportamentos considerados desrespeitosos, indelicados ou grosseiros não é intencional. Eles podem ser evitados com treinamento de etiqueta. Um conhecimento básico e certa prática de etiqueta são vantagens valiosas, porque em muitas situações é difícil ou até impossível ter uma segunda chance.

O mais importante é ser cortês e solícito com as pessoas, qualquer que seja a situação. Leve em conta os sentimentos alheios e mantenha suas convicções da maneira mais diplomática possível. Quando tiver que resolver conflitos, considere que eles estão relacionados à situação em si, não à pessoa. Peça desculpas quando pisar no calo de alguém.

As qualidades que mais admiramos nos adultos são as mesmas que nos esforçamos para ensinar às crianças. Se o seu comportamento pode ser observado tranquilamente pelo seu marido ou pela sua mulher, por seus filhos ou avós, então provavelmente está indo bem. Evite erguer a voz, falar palavrões ou grosserias seja para quem for e interromper os outros. Agir dessa forma em um ambiente de trabalho talvez faça com que, no início, você não tenha muitas oportunidades para falar em reuniões, mas o que você diz terá muito mais eficácia porque carregará o peso da credibilidade e do respeito.

FOCO NAS PESSOAS

No trabalho, converse com as pessoas ao seu redor. Não as diferencie por cargo ou posição na empresa. Da próxima vez que precisar encontrar um documento ou ter uma sala de reuniões preparada para uma apresentação, observe quantas pessoas estão envolvidas no processo (provavelmente você se surpreenderá!) e não deixe de falar com elas pessoalmente para mostrar seu apreço pelo trabalho que fizeram.

Procure chegar 10 ou 15 minutos mais cedo e converse com as pessoas que trabalham perto de você. Quando for visitar outro escritório ou local de trabalho, pare para tomar um café e se apresente às pessoas que estão por perto. Se chegar cedo a uma reunião, apresente-se aos outros participantes, caso não os conheça. Em ocasiões sociais, use a própria situação para quebrar o gelo. Depois de se apresentar, pergunte às pessoas de onde conhecem o anfitrião ou se elas gostaram dos canapés. Fale um pouco sobre si – seus hobbies, seus filhos ou animais de estimação; só o suficiente para levar as pessoas a falarem sobre si e a conhecerem você um pouco melhor.

Procure se lembrar de tudo o que puder sobre o máximo de pessoas possível e use essas informações para mostrar que é atencioso. Mande cartões de aniversário ou de cumprimentos por promoções ou outras situações. Mande flores caso alguém tenha noivado ou se casado, ou tenha sofrido a perda de um ente querido. As pessoas vão se lembrar do seu gesto, provavelmente por muito mais tempo do que você!

EM AÇÃO

Que mensagens suas ações, palavras e posturas transmitem? Pergunte a si mesmo se tem feito algum dos itens da lista a seguir:

- Você tem tratado de assuntos pessoais no horário de trabalho?
- Você tem usado ou se apropriado de recursos da empresa com objetivos pessoais?
- Você tem faltado ao trabalho alegando estar doente quando na verdade não está?
- Você tem feito fofocas prejudiciais ou espalhado boatos sobre alguém?
- Você tem passado adiante informações que deveriam ser sigilosas?
- Você tem violado as regras e os procedimentos da empresa conscientemente?
- Você tem deixado de cumprir uma tarefa que disse que cumpriria?
- Você tem escondido informações necessárias para os outros?
- Você tem adulterado informações da folha de ponto, de faturas ou de relatórios de despesas?
- Você tem fornecido produtos ou serviços de má qualidade conscientemente?
- Você tem sido desonesto para realizar vendas?
- Você aceitou um presente inapropriado?
- Você recebeu ou aceitou o crédito por algo que outra pessoa fez?
- Você deixou de admitir ou corrigir um erro? Ou deixou propositalmente alguém cometer um erro e se prejudicar?

Essas e outras ações aparentemente inofensivas refletem quem você é e o que defende. Na etiqueta, tudo é importante – em especial "as coisas pequenas". Nas suas anotações a seguir, descreva com clareza como pode melhorar nessa área e depois siga meticulosamente esse plano tanto no seu trabalho quanto nas suas relações pessoais.

ANOTAÇÕES

9

A persuasão como habilidade interpessoal

*Uma das maneiras mais eficazes de fazer amigos
e influenciar pessoas é considerar a opinião delas,
dar a elas a sensação de que são importantes.*

– Dale Carnegie

E SE VOCÊ FOSSE CAPAZ DE LEVAR qualquer pessoa a fazer o que você quiser? Na verdade, não é tão difícil. Algumas pessoas passam a vida aprimorando a arte da persuasão, mas os métodos básicos são bastante simples.

A persuasão é uma habilidade interpessoal muito específica. Resumindo, é trazer as pessoas para o seu lado sem usar a força ou a intimidação. É convencer os outros a internalizar seus argumentos e a considerá-los parte do sistema de crenças deles.

COMO IDENTIFICAR UMA NECESSIDADE

Não faz sentido tentar persuadir alguém a acreditar em você quando você mesmo não tem uma urgência identificável. Se o que você quer – apoio, dinheiro, aprovação – não é óbvio, você precisa torná-lo óbvio. Para isso, deve demonstrar uma necessidade profunda e reforçá-la com entusiasmo, evidências e urgência.

Para trazer as pessoas para o seu lado, você precisa convencê-las de uma necessidade que talvez elas nem saibam que têm. Por exemplo, você precisa implementar um programa imediatamente na sua empresa, porque agora é o único momento em que é possível implementá-lo com os melhores resultados possíveis.

Para persuadir os ouvintes, as pessoas costumam usar diversas palavras ou expressões "carregadas". Os políticos costumam falar em "guerra ao terror" e em "defesa da democracia". Os anunciantes dizem que seus produtos são "100% naturais". O que isso significa exatamente? E até que ponto isso tem importância? Quando usamos palavras carregadas para persuadir, muitas vezes o significado delas fica em segundo plano.

Warren Buffett quase sempre se refere a seus investidores como "parceiros", embora na prática essa definição não seja precisa. Mas Buffett sabe que ao usar essa palavra ele está estimulando nos investidores um senso de fraternidade e afabilidade sem oferecer qualquer contrapartida. É uma tática simples e eficaz, porque as pessoas tendem a concordar com aqueles que demonstram interesse, respeito e até afeto por elas.

Uma forma básica de persuasão envolve não apenas usar palavras que os ouvintes entendam e reconheçam como também fazer algo bastante simples: chamá-los pelo nome. Se você lembra e fala o nome do seu interlocutor, certamente passa uma impressão muito melhor. Com essa tática, você dá ao seu interlocutor a certeza de que prestou atenção nele e em quem ele realmente é. As pessoas se sentem naturalmente mais importantes quando têm o nome lembrado.

Quando começa a entender isso, você está a caminho de se tornar um mestre da persuasão. Três fatores que compõem essa habilidade são especialmente poderosos.

Autoridade: Um elo com uma autoridade reconhecida e estabelecida satisfaz uma necessidade básica de qualquer ouvinte. As pessoas querem sentir que você está numa posição de poder legítimo. E você pode fazer isso apresentando sua experiência e sua capacidade em determinada área ou se alinhando às palavras e ao trabalho de alguém que seja considerado mestre no assunto.

Emoção: Muitas vezes, as pessoas presumem incorretamente que o mundo só quer saber de fatos. Embora os números tenham importância e nunca devam ser totalmente ignorados, um apelo à emoção pode ser especialmente eficaz num ambiente empresarial. Nesse caso, o importante é usar metáforas ou apelar para o senso de aventura, no intuito de evocar uma reação emocional.

Razão: Se você quer apelar para a razão, deve se valer de fatos e dados incontestáveis para influenciar seu público. Para muitas pessoas do mundo empresarial, essa é a melhor forma de persuasão. Junto da emoção, a razão e a lógica transmitem uma impressão de autoridade, mesmo que seja apenas porque você parece extremamente bem-preparado.

PERSUASÃO PASSO A PASSO

A arte da persuasão pode ser descrita em termos de uma progressão lógica realizada passo a passo. Basicamente, ela está ligada à sua capacidade de defender seu ponto de vista com clareza e eficiência. Mas antes de fazer isso você precisa compreender seu público – *quem* são essas pessoas e *por que* pensam como pensam. Isso lhe dá duas importantes possibilidades de ação. Você pode criar empatia com seus ouvintes estabelecendo uma conexão humana, mas também pode construir sua argumentação para mostrar por que seu ponto de vista funcionará não só em benefício próprio, como também em favor deles.

Desenvolva a confiança. As pessoas ficam automaticamente desconfiadas de qualquer pessoa que tente mudar o que elas pensam. Por isso, é fundamental ganhar a confiança delas convencendo-as de que você está sendo sincero e tem boas intenções. Mostre por que você merece ser ouvido. Você precisa saber do que está falando e provar que existe um bom motivo para pensar como pensa.

Encontre um denominador comum. Muitas pessoas pensam de modo parecido com relação ao que é justo e desejável. Mostre que seus valores e suas ideias são semelhantes aos delas. Também nesse caso você precisa se colocar no lugar das pessoas, entender as preocupações delas e demonstrar que compreende como se sentem.

Estruture suas informações. Qualquer argumento persuasivo – seja um discurso, um ensaio ou uma tentativa de venda – tem uma estrutura clara. Verbalmente, uma estrutura de sucesso gira em torno de repetição e organização das informações. Quando for enumerar os motivos para as pessoas ouvirem o que você tem a dizer, guarde os argumentos mais fortes para o final, pois esses são os que ficarão na mente dos ouvintes. Além disso, repita os argumentos mais importantes. A repetição estabelece um padrão que fica gravado na memória.

Mostre os dois lados. Pese os prós e contras das suas ideias. Ao fazer isso, você passa a impressão de ser uma pessoa justa e razoável. O truque aqui é enfatizar os prós e minimizar os contras. Explique por que os contras não são tão ruins ou como os benefícios são maiores que as desvantagens. Nunca minta ao falar dos contras, porque se as pessoas descobrirem que você mentiu, vão ficar ressentidas e nunca mais confiarão em você.

Apele para o interesse próprio. Você tem mais chances de convencer alguém da sua ideia se mostrar o que a pessoa tem a ganhar, tendo em vista que essa é uma pergunta que sempre estará na cabeça dela. Para isso funcionar, você precisa conhecer as necessidades do seu público. Conquiste a atenção das pessoas dizendo que sabe do que elas precisam e depois conte como sua ideia vai satisfazer essas necessidades.

Apele para a autoridade. Conforme já mencionado, todo mundo adora um especialista. Todos escutam o que os especialistas têm a dizer. Se um especialista diz algo, então aquilo deve ser verdade. Portanto, use-os na sua fala. Descubra como sua ideia – ou elementos dela – foi aprovada ou endossada por especialistas da área.

Crie consenso. A maioria das pessoas é influenciada pelo que as outras estão fazendo. Você precisa deixar claro que aquilo que você deseja é aprovado por muitas pessoas. Apresente exemplos de como suas ideias são um sucesso em outras áreas ou como elas foram aprovadas por outras pessoas. Você também pode usar uma espécie de consenso reverso: se o que a maioria está fazendo não é o desejável, mostre por que você pensa assim e convença os ouvintes de sua ideia.

Peça no momento certo. Você precisa desenvolver um sexto sentido para saber o momento ideal de pedir. Evite abordar as pessoas com pedidos quando elas estiverem muito estressadas. Aprenda a avaliar o clima geral e a descobrir se as pessoas serão receptivas. Procure fazer contato quando as pessoas estiverem confiantes e com a moral alta. Se for preciso, faça com que elas se sintam seguras e confiantes.

Seja original. É uma lei simples da economia: quanto mais escasso um produto ou serviço, maior é seu preço. Se você ou aquilo que tem a oferecer parecerem únicos, raros, as pessoas vão escutá-lo com mais atenção. Para isso, mostre que tem informações exclusivas ou sugira que há um concorrente interessado no que você está oferecendo.

Seja interessante. Quando você fala num tom monótono, carregado de *hmmms* e *hããããs*, as pessoas perdem o interesse rapidamente. Você precisa chamar atenção e mostrar energia e empolgação por sua ideia. Apele para os sentidos de seus ouvintes. Se for fazer uma apresentação, use e abuse de recursos audiovisuais. Um espetáculo impressionante pode ser tão eficaz quanto frases eloquentes.

Seja racional. As pessoas gostam de pensar que são racionais, portanto apele para o senso de racionalidade delas. A lógica é extremamente valorizada no ambiente corporativo, e sua fala deve ter um formato lógico. Construa argumentos baseados na lógica de causa e consequência. Exemplo: "Se você fizer isso, coisas boas vão acontecer."

Seja diplomático. Você deve tratar seu público como gostaria de ser tratado. Fale num tom apropriado; não levante a voz nem menospreze as pessoas. E o mais importante: não faça com que as pessoas se sintam burras por pensarem diferente de você. O importante aqui é convencer as pessoas, não discutir com elas. Mesmo que você vença a discussão, as pessoas ficarão ressentidas. Mas, se for respeitoso, você ganhará o respeito delas.

Seja humilde. Ninguém gosta de um egomaníaco de nariz em pé. Mesmo que você acredite que seu ponto de vista é melhor que o de outros, se você se mostrar arrogante, as pessoas vão parar de escutar o que você tem a dizer. Além disso, não pressuponha que vai convencer as pessoas imediatamente. Seja realista e tenha em mente que existe a possibilidade de você ser rejeitado.

Use a persuasão com moderação. Alguém já disse que a persuasão é como uma conta poupança: quanto menos você usa, mais tem. Aprenda a usar seu poder de persuasão com eficácia e no momento certo. Com tempo e prática, você aprenderá a exercer uma influência positiva nas decisões das pessoas em diversas áreas.

TÉCNICAS DE PERSUASÃO NAS VENDAS

Todos os dias as pessoas são expostas a técnicas de vendas nos mais diversos momentos e áreas de suas vidas. Por exemplo, enquanto você escuta o rádio ou assiste à TV no café da manhã, propagandas são veiculadas nos intervalos comerciais. No trajeto para o trabalho, placas e outdoors à beira da pista, nos ônibus, trens e metrôs nos seduzem e nos levam a pensar em comprar certos produtos. No trabalho, um colega pode tentar convencer os outros a comprar os biscoitos caseiros da filha para ajudá-la a pagar um curso. O chefe pode dar a entender que o bônus de fim de ano será maior que nunca caso os funcionários se esforcem um pouco mais. Durante um jantar no seu restaurante favorito, o cardápio mostra fotos maravilhosas de entradas caras e usa uma linguagem descritiva para persuadir os clientes a pedir esses pratos.

As técnicas de persuasão estão por toda a parte e podem ser poderosas. Por um lado, podem ser úteis – por exemplo, apontando quais são os alimentos mais saudáveis. Por outro, podem ser prejudiciais – por exemplo, influenciando jovens a comprar produtos ilegais para sua idade, como cigarros e bebidas alcoólicas. Quando se conscientiza das técnicas de persuasão, o consumidor médio se torna capaz de resistir a compras indesejáveis ou desnecessárias. Uma estratégia de vendas típica envolve os seguintes passos:

- Chamar a atenção do consumidor.
- Criar ou identificar uma necessidade, um problema ou um desejo.
- Oferecer uma solução.
- Fechar a venda.

Vamos analisar o primeiro passo. Como pessoas persuasivas atraem a atenção de pessoas ocupadas, apáticas ou resistentes? Existem dezenas de formas de executar cada um dos passos listados anteriormente. Para você ter uma ideia mais clara de como a persuasão é usada para prender a atenção, veja algumas das estratégias e técnicas de persuasão mais utilizadas:

"Você precisa disto." Um problema é identificado e uma solução é oferecida. Pode assumir a forma de uma questão mais ampla – por exemplo, a corrupção no governo durante uma campanha eleitoral: "Como cidadão deste estado, você precisa de líderes honestos, e Zé da Silva é o único candidato honesto!"

"Você merece isto." Uma limitação, carência ou lacuna é resolvida por alguém capaz de lidar com o problema. Exemplo: "Você merece mais tempo para relaxar. Nós oferecemos a você um pacote de viagem de fim de semana por um preço acessível."

"Você quer isto." O persuasor provoca um desejo e oferece uma forma de satisfazê-lo: "Está a fim de um chocolate? Experimente este bombom delicioso!" Depois de provar uma amostra grátis, o consumidor pode se sentir induzido a comprar mais, mesmo que o item não estivesse originalmente na lista de compras ou dentro do orçamento dele.

"Prove esta amostra grátis." Embora você receba uma amostra grátis, a esperança de quem a oferece é despertar seu interesse pelo produto e estimular a compra de um alimento, uma caneta, um livro, etc.

"Todos estão contando com você." Essa técnica de persuasão é usada, por exemplo, para convencer alguém a comprar produtos saudáveis, de modo que o indivíduo se mantenha saudável pelo bem de sua família, ou para sugerir que existe uma conexão com sua comunidade – por exemplo, na época de uma eleição que será apertada.

"Uma oportunidade única." Muitos marqueteiros usam essa abordagem persuasiva para argumentar que tal produto ficará disponível por tempo limitado. Exemplo: um carro novo está parado no pátio há meses, mas só hoje você pode comprá-lo com 5% de desconto.

"Qualidade em vez de quantidade." Quando você for comprar um produto novo, talvez se depare com um vendedor que diga que um item mais caro dura mais, é mais saboroso ou tem mais funções, apesar do custo maior.

"Ao comprar isto você estará ajudando outros." O pensamento por trás dessa estratégia é que, ao endossar certo produto, ideia ou indivíduo, você estará ajudando a economia, a sociedade ou uma pessoa específica. Por exemplo, ao comprar um carro nacional mesmo que ele gaste mais combustível, você estará apoiando a economia do país em vez de apoiar os importados.

"Lista de benefícios." Um vendedor persuasivo pode enfatizar uma lista de benefícios várias vezes durante o contato com o cliente, seja por meio de uma placa de publicidade na rua ou pessoalmente, na loja. Ele minimiza todos os pontos negativos do produto e se concentra nos aspectos positivos.

"Todos saem ganhando." Nessa técnica persuasiva, quando uma pessoa é instigada por outra a fazer algo, fica subentendido que ambas as partes saem ganhando. Por exemplo, se o cliente compra com desconto um quadro pintado por um artista que ainda não é conhecido, o cliente consegue um bom negócio e o artista ganha dinheiro e reputação.

"Ou um ou outro." Limitar as escolhas pressiona o cliente. "Vote neste candidato, senão a corrupção vai continuar."

"Táticas de amedrontamento." Essa abordagem cria uma ameaça e propaga o medo, sugerindo que se você não fizer o recomendado, talvez isso acarrete perdas, danos ou destruição.

"Maria vai com as outras." O persuasor afirma que as pessoas inteligentes ou populares estão usando tal produto ou defendendo tal ideia, dando a entender que quem não faz isso não faz parte desses grupos.

Ao avaliar essas técnicas de persuasão, você precisa compreender que há processos em andamento. Embora certo produto ou certa ideia tenha seus méritos, você, na posição de comprador, deve ser convencido por esses méritos, não pela minimização dos pontos negativos ou pela supervalorização dos pontos positivos. Um consumidor consciente vai refletir sobre os prós e contras de adotar o ponto de vista de alguém e refletir sobre a lógica desse ponto de vista.

Existem muitos outros tipos de técnicas de persuasão. Por isso é melhor evitar comprar algo por impulso ou dar seu aval ou sua opinião às pressas sobre um assunto, pois fatos podem ter sido omitidos ou estratégias de persuasão podem estar nos impedindo de tomar a melhor decisão ou de enxergar a situação com clareza.

LINGUAGEM CORPORAL: A PERSUASÃO NÃO VERBAL

A todo momento enviamos sinais silenciosos para o mundo, e o vocabulário que usamos para isso consiste em um conjunto confiável e compreensível de movimentos e gestos. A linguagem corporal – uma forma de comunicação não verbal – expressa nossos desejos mais profundos, mesmo quando esses sentimentos contrastam com nossas palavras. Expressões faciais, a posição de braços, pernas e mãos, a forma como nos sentamos, ficamos de pé, escutamos e falamos – tudo isso transmite diferentes níveis de falsidade ou honestidade, preocupação ou desinteresse. Resumindo, a linguagem corporal nos oferece inúmeras informações.

Algumas comunicações silenciosas são casuais; outras são um jogo de xadrez. Aprender a decodificar a linguagem corporal das pessoas pode lhe dar uma tremenda vantagem, seja em relacionamentos amorosos ou ao lidar com o chefe. Você pode decifrar o que as pessoas estão sentindo mas que, por algum motivo, escolheram não mencionar na conversa. Muitas vezes, o que não é dito pode ser uma enorme fonte de ideias a serem exploradas. Além do mais, quando você compreende as pistas não verbais, torna-se capaz de controlar e ditar sua própria linguagem corporal. Com isso, pode enviar os sinais desejáveis e impedir que seu interlocutor saiba aquilo que você prefere manter em segredo.

Estudos concluíram que nas conversas cara a cara as palavras proferidas representam apenas 7% do significado. O tom de voz representa 38%, e a linguagem corporal, 55%. Em suma, o receptor está mais sujeito a reagir ao tom de voz ou à linguagem corporal do que às palavras ditas. De acordo com a consultora jurídica Jo Ellen Dimitrius, quando perguntados sobre o que leva uma testemunha a parecer confiante, os jurados citam a linguagem corporal com o dobro da frequência de qualquer outra categoria. Em outras palavras, as pessoas "ouvem" com os olhos.

O que sua linguagem corporal diz sobre você? Quando faz uma apresentação ou uma reunião de vendas, você passa a impressão de ser uma pessoa com autoridade, confiante e digna de crédito? Ou uma pessoa insegura, perdida, indigna de confiança? E o mais importante: você é capaz de melhorar sua linguagem corporal?

Simplesmente evitar os erros mais comuns e substituí-los por movimentos mais confiantes já faz uma enorme diferença. A seguir, apresento sete problemas de linguagem corporal que causam uma impressão negativa e fazem seu público perder o interesse no que você tem a dizer. Treine para evitar esses problemas, e você verá que essas mudanças simples farão toda a diferença.

Evitar contato visual: Desviar o olhar mostra que você não tem autoconfiança e está nervoso e despreparado. Você deve passar pelo menos 90% do tempo de qualquer conversa olhando nos olhos das pessoas. Em apresentações formais, a maioria das pessoas passa muito tempo de cabeça baixa, olhando para as anotações, para os slides do PowerPoint ou para a mesa de apoio. A maioria das pessoas passa a evitar esse tipo de comportamento imediatamente após assistir a um vídeo de suas apresentações. Líderes empresariais poderosos olham nos olhos de seus ouvintes ao transmitir a mensagem. O contato visual é, de longe, o elemento mais importante da linguagem corporal. Falaremos muito mais sobre esse tema ainda neste capítulo.

Má postura: Um jeito desleixado mostra que você não tem confiança e autoridade. Quando estiver parado em pé, mantenha os pés na linha dos ombros e se incline levemente para a frente. Coloque os ombros um pouco para a frente também – você demonstrará ter mais energia. A cabeça e a coluna devem estar retas. Não se apoie em mesas ou púlpitos.

Ficar se remexendo ou manter o corpo rígido demais: Ficar balançando o corpo ou se coçando faz com que você pareça nervoso, inseguro ou despreparado. Portanto, evite se mexer o tempo todo. Por outro lado, evite também ficar imóvel como uma estátua. Mexa-se um pouco, mas de forma que pareça que o movimento tem um propósito. Movimentos intencionais são mais que aceitáveis na conversa – são muito bem-vindos.

Gestos não convincentes: Gesticular não é um problema, só não exagere. Pesquisadores mostraram que gesticular reflete pensamentos complexos. Os gestos passam ao ouvinte a impressão de confiança, competência e autocontrole. Mas se você tenta copiar um gesto, corre o risco de parecer um movimento forçado, algo muito comum a políticos que não transmitem confiança. Portanto, jamais use gestos que pareçam incongruentes com suas palavras. Seu ouvinte terá a impressão de que está assistindo a um vídeo com o som fora de sincronia.

O mais importante de tudo é usar o corpo como uma ferramenta de comunicação, da mesma forma que você faz com as palavras. A linguagem corporal eficaz o ajudará a aumentar a energia de qualquer contato pessoal, seja uma entrevista de emprego, um primeiro encontro ou a negociação de uma compra importante.

Conforme já foi mencionado, o contato visual é o componente mais importante da linguagem corporal, portanto vamos passar o resto do capítulo tratando desse elemento tão mal interpretado.

Olhe nos meus olhos

O contato visual é um aspecto fundamental da comunicação não verbal não só para a civilização humana como também entre inúmeras espécies de animais. O reino animal tende a considerar o contato visual direto um desafio ou sinal de agressão. Um guia de prevenção de mordidas de cachorro do Centro de Controle de Doenças dos Estados Unidos recomenda evitar o contato visual direto com cães desconhecidos. Os cachorros consideram o contato visual direto um sinal de desafio e lutam para defender sua posição, um comportamento também observado em ursos e primatas.

Manter contato visual durante a conversa dá a impressão de que você é amigável e está prestando atenção na outra pessoa. Em algumas culturas, porém, o contato visual direto é considerado rude ou hostil. Entender a mensagem que você está transmitindo pelo contato visual é importante para melhorar a comunicação em qualquer ambiente.

É preciso saber a diferença entre fazer contato visual e encarar. O contato visual passa a mensagem de que você está confiante, relaxado e interessado no que a outra pessoa tem a dizer. Já a atitude de encarar é considerada ofensiva e até ameaçadora. Entender a diferença entre as duas ações é uma habilidade avançada que pode melhorar sua comunicação com as pessoas.

Encarar é olhar fixo para a outra pessoa, sem parar. Muitas crianças brincam de competir para ver quem fica mais tempo encarando, e não é difícil relembrar a sensação desconfortável de ficar olhando fixo nos olhos de alguém à nossa frente. Na brincadeira, as crianças geralmente evitam piscar e acabam ficando com os olhos ardendo e marejados. Na vida cotidiana, encarar outra pessoa não necessariamente significa deixar de piscar, mas manter os olhos na direção de outra pessoa sem interrupção. Esse comportamento pode deixar a outra pessoa desconfortável, com a sensação de que está tendo seu espaço pessoal violado.

No contato visual normal, as pessoas olham nos olhos das outras e depois desviam o olhar. Quem fala faz contato visual com o ouvinte, e este confirma que está entendendo a mensagem ao olhar nos olhos de quem está falando. Esse processo se repete de tantos em tantos segundos ao longo da conversa.

Evitar o contato visual passa a ideia de que você não está se sentindo à vontade, talvez porque tem algo a esconder. É possível que você seja considerado rude, antipático ou até arrogante. Dependendo das circunstâncias, você também pode parecer submisso ou prepotente. Em geral, não fazer contato visual quando alguém está falando indica submissão, ao passo que evitar contato visual ao ser questionado é sinal de mentira, fingimento.

O equilíbrio entre a falta e o excesso de contato visual é bastante delicado. Um contato visual saudável entre duas pessoas ou um grupo pequeno depende em parte da dinâmica entre os indivíduos. Se os participantes da conversa são íntimos ou têm um elo emocional forte, em geral o nível de contato visual é alto. Mas se os membros do grupo são naturalmente tímidos, há menos contato visual. Se você tiver acabado de entrar para um novo grupo e não souber ao certo como usar o contato visual de maneira eficaz, observe os outros participantes e faça contato visual com a mesma frequência que eles, ou seja, *espelhe* o ritmo deles.

O espelhamento é uma técnica psicoterapêutica eficaz para se comunicar com qualquer pessoa. Ao imitar o contato visual e a postura de outra pessoa, você está prestando atenção no comportamento dela e ajustando o seu. Portanto, no trabalho, se você está num grupo em que as pessoas se entreolham o tempo todo e depois olham para o projeto, tente fazer o mesmo. Para evitar confusão, espelhe uma só pessoa, talvez o líder do grupo, e olhe para as outras com a mesma frequência que ele.

Falar em público exige um cuidado especial no que diz respeito ao contato visual. Nesse caso, você precisa encontrar uma forma de fazer com que cada membro da plateia se sinta atraído, como se sua fala fosse direcionada especificamente a cada um deles.

Para isso, passe os olhos pela sala. Em cada parte dela, encontre uma pessoa que esteja sentada perto do meio daquela seção. Olhe fixo para essa pessoa por quatro ou cinco segundos, depois vá para a próxima seção e repita o processo. Conforme vai e volta pelas seções, escolha uma pessoa diferente a cada vez. Uma técnica mais antiga é olhar fixo para um ponto logo acima da cabeça da plateia, na parede do fundo. O problema dessa técnica é que você pode acabar travando nesse ponto, e com isso as pessoas que estão no meio da plateia terão a sensação de que você está encarando, enquanto as que estão nos cantos se sentirão ignoradas.

O contato visual é uma parte fundamental da linguagem corporal e da comunicação não verbal. É crucial nas entrevistas de emprego, ao chamar alguém para um encontro e em muitas outras interações humanas fundamentais. Se você é tímido por natureza, talvez tenha dificuldade para manter contato visual, mas pode fazer exercícios para melhorar essa habilidade. Talvez dê um pouco de trabalho, mas você verá que as recompensas de um bom contato visual valem o esforço.

EM AÇÃO

1. Pense numa situação em que você foi persuadido a fazer ou comprar algo que inicialmente não era de seu interesse. O que o levou a mudar de ideia?

2. Aplicando as técnicas ensinadas neste capítulo, tente persuadir um amigo ou colega de trabalho sobre um ponto de vista que você defende. Anote o resultado, o que você aprendeu e o que pode melhorar para a próxima vez.

ANOTAÇÕES

10

Faça perguntas com habilidade

Você está vivo hoje – e essa é a única vida de que você pode ter certeza. Aproveite ao máximo o dia de hoje. Desenvolva interesse por algo. Acorde com pique. Pratique um hobby. Deixe-se levar pelos ventos do entusiasmo.

– DALE CARNEGIE

AS REGRAS QUE VALEM PARA a formulação de perguntas e respostas são revisadas continuamente. Uma pergunta que seria rotineira numa entrevista de emprego vinte anos atrás hoje pode resultar em um processo. Saber elaborar perguntas é uma habilidade interpessoal muito importante, mas também é uma questão ética e legal delicada. Neste capítulo, começaremos a entender o que mudou e o que continua igual, e como você pode tirar máximo proveito da realidade atual.

ENTRA LIXO, SAI LIXO

Esse conhecido princípio tem originalmente a ver com a operação de sistemas de computador: se você insere uma informação errada, recebe de volta uma informação errada. Mas com o tempo ele passou a ter uma aplicação muito mais ampla. Qualquer que seja o tipo de troca interpessoal que você tenha, as informações que recebe são determinadas pelas informações que pede. Isso vale para a comunicação humana em geral. Se você fizer a pergunta errada, provavelmente receberá a resposta errada – ou, pelo menos, não receberá a resposta que estava esperando.

Nunca é demais ressaltar a importância desse princípio. Fazer a pergunta correta está no cerne da troca eficaz de comunicações e informações. Mas o que é exatamente a "pergunta certa" numa situação específica? Você precisa ter a resposta para essa pergunta em mente antes de fazer a pergunta. Para piorar, a pergunta certa hoje pode não ser a pergunta certa amanhã – e talvez já não seja daqui a dez minutos. Assim, perguntar é uma habilidade interpessoal muito sofisticada, quer aconteça numa entrevista de emprego ou numa conversa com seu filho adolescente.

Ao aprender a fazer as perguntas certas numa situação específica, você pode melhorar toda uma gama de habilidades comunicativas. No mínimo, aprende a evitar ofender as pessoas – que é o que mais acontece quando fazemos perguntas inadequadas. Mas isso é só o começo. Ao aprender a fazer perguntas, você recebe informações melhores e descobre mais sobre as pessoas que fazem parte da sua vida. Desenvolve relações mais fortes, lida com suas responsabilidades de maneira mais eficaz e ensina os outros a fazerem o mesmo.

Eis algumas técnicas de questionamento comuns – e quando usá-las ou não usá-las.

PERGUNTAS ABERTAS E FECHADAS

Uma pergunta fechada é a que requer uma resposta curta, talvez até de uma palavra. "Está com sede?" A resposta é sim ou não. "Onde você mora?" Dependendo das circunstâncias, a resposta é o nome da cidade, do bairro ou da rua.

Perguntas abertas evocam respostas mais longas. Em geral, incluem termos como "o que", "por que" ou "como". Perguntas abertas pedem informações, opiniões ou sentimentos. Costumam começar com um convite amplo – por exemplo, "Me diga..." ou "Descreva para mim...". Exemplos de perguntas abertas: "O que aconteceu na reunião?", "Por que você reagiu daquele jeito?", "Como foram suas férias?", "Me diga o que aconteceu em seguida", "Descreva o acidente com mais detalhes".

Perguntas abertas são boas para desenvolver uma conversa mais demorada, para obter mais detalhes sobre uma situação e para descobrir as opiniões e os sentimentos de alguém. Perguntas fechadas fornecem compreensão dos fatos ou encerram uma questão factual ainda não resolvida. Ambos os tipos de perguntas, quando feitos no momento errado da forma errada, podem ser mais prejudiciais do que benéficos.

FUNIL DE PERGUNTAS

Uma boa forma de usar o melhor dos dois tipos de perguntas é começar com perguntas abertas e depois, aos poucos, mudar para questões mais focalizadas. Imagine, por exemplo, que um policial está colhendo o depoimento da testemunha de uma briga na rua. O diálogo pode ser mais ou menos assim:

– Havia quantas pessoas brigando?
– Umas dez.
– Eram jovens ou adultos?
– A maioria era jovem.
– Tinham quantos anos?
– Uns 14 ou 15 anos.
– Algum deles estava usando alguma peça de roupa distinta ou reconhecível?
– Sim, alguns estavam usando bonés vermelhos.
– Se lembra de ver algum logotipo nos bonés?
– Na verdade, lembro, sim. Tinha uma letra Z neles.

Usando essa técnica, o policial ajuda a testemunha a rememorar a situação e, aos poucos, identificar detalhes úteis. Provavelmente o policial não teria obtido essa informação se tivesse feito uma pergunta aberta logo de cara, do tipo: "Pode me contar alguns detalhes do que você viu?"

Essa técnica é conhecida como funil de perguntas. Começa com perguntas abertas e, conforme as partes seguem pelo funil, as perguntas se tornam cada vez mais específicas e fechadas.

O funil de perguntas é bom para descobrir mais detalhes sobre um incidente específico. A técnica também faz com que a pessoa que está respondendo às perguntas se sinta mais confiante e segura.

PERGUNTAS DE SONDAGEM

A seguir, apresento outras estratégias para descobrir mais detalhes. Às vezes é simples; basta pedir mais informações sobre o que você acabou de ouvir: "Para quando você precisa desse relatório? Quer ver um rascunho antes de eu lhe enviar a versão final?" Ou: "Como você sabe que a nova base de dados não pode ser usada pelos vendedores?"

Em geral, sondagens são úteis para esclarecer e compreender melhor os fatos mencionados e também para obter informações de pessoas que estão tentando esconder algo.

Existe um refinamento da técnica de sondagem conhecido como método dos Cinco Porquês, criado nos anos 1970, pela Toyota, para uso interno. O sistema é baseado no fato de uma pergunta que começa com "Por que" geralmente levar a outra mais focada. O sistema começa olhando para o resultado final e faz uma engenharia reversa para descobrir a causa, a raiz. Para isso, faz perguntas que começam com "Por que". Exemplo:

- Por que nosso cliente está insatisfeito? Porque não entregamos o serviço na data prometida.
- Por que não conseguimos cumprir o prazo de entrega? Porque o trabalho acabou levando muito mais tempo do que o previsto.
- Por que levou tanto tempo a mais? Porque subestimamos a complexidade do trabalho.
- Por que subestimamos a complexidade do trabalho? Porque fizemos uma estimativa apressada do tempo necessário para finalizar o projeto e não elaboramos uma lista dos estágios necessários para completá-lo.
- Por que nós utilizamos uma estimativa apressada? Porque estávamos atrasados com os outros projetos. Precisamos avaliar nossa programação e nossos procedimentos de especificação.

A estratégia dos Cinco Porquês é simples e pode ser adotada e aplicada a praticamente qualquer problema.

PERGUNTAS DIRECIONADAS

Esse tipo de pergunta tem o objetivo de levar as pessoas a pensarem como você. Isso pode acontecer de diversas maneiras.

Por uma pressuposição: "Quanto tempo você acha que o projeto vai atrasar?" A pergunta pressupõe que o projeto certamente não será finalizado a tempo.

Acrescentando no fim um apelo para que a outra parte concorde com você: "Ela é muito eficiente, não acha?" Ou: "É melhor esperar mais uma semana, não é?"

Formulando a pergunta para fazer com que a resposta reflexiva seja sim: "Podemos aprovar a proposta?" tem muito mais chance de receber uma resposta positiva do que "Você quer aprovar a proposta ou não?". Um refinamento desse método é tornar a pergunta mais pessoal: "Você quer que eu siga em frente e aprove a proposta?" é melhor que "Posso aprovar a proposta?".

Perguntas direcionadas tendem a ser mais fechadas. São ideais para obter a resposta que você quer e ao mesmo tempo dar a seu interlocutor a impressão de que ele tem escolha. O perigo dessas perguntas é que elas podem ser manipuladoras ou até desonestas. No passado, vendedores insistentes e até trambiqueiros as usavam até não poder mais. Se perceber que alguém está lhe fazendo perguntas direcionadas, mantenha a guarda alta ou faça você mesmo algumas perguntas direcionadas.

PERGUNTAS RETÓRICAS

As perguntas retóricas não são perguntas de fato, pois não solicitam uma resposta. Na verdade, são afirmações feitas na forma de pergunta: "Hoje não está um dia lindo?" Ou: "Você também não adora o Natal?"

Perguntas retóricas são uma forma de envolver o ouvinte. Como habilidade interpessoal, essas perguntas são uma boa forma de obter concordância quase automática. Depois que você consegue essa concordância, pode usar o embalo para obter uma concessão mais substancial. Por exemplo, uma sequência de perguntas retóricas pode levar a uma pergunta que não tenha nada de retórica: "A cor daquele carro não é linda? Você também não adorou o jeito como a pintura parece cintilar à luz? Você não adoraria ter um carro dessa cor?"

COMO USAR AS TÉCNICAS DE QUESTIONAMENTO

Você provavelmente já usou todas essas técnicas, seja no trabalho ou em casa. Mas quando utiliza conscientemente o tipo de pergunta mais apropriado para a situação, você obtém as informações, as reações e os resultados que deseja com mais eficácia, e é isso que significa realmente uma habilidade interpessoal.

AS PERGUNTAS SÃO UM MEIO PODEROSO DE:

Aprender: Faça perguntas abertas e fechadas, e use perguntas de sondagem.

Construir relacionamentos: Em geral as pessoas reagem de forma positiva se você perguntar o que elas fazem ou se pedir a opinião delas. Ao fazer isso de maneira afirmativa – "Me diga de que você mais gosta aqui na empresa" –, você estará construindo e mantendo um diálogo aberto.

Gerir: Perguntas retóricas e direcionadas ajudam as pessoas a refletir e se comprometer a usar as linhas de ação que você sugeriu: "Não seria ótimo ter mais qualificações?"

Evitar mal-entendidos: Use as perguntas de sondagem para esclarecer os pontos necessários, sobretudo quando as consequências forem importantes. Evite tirar conclusões precipitadas.

Acalmar conflitos: Você pode acalmar um cliente ou colega raivoso usando um funil de perguntas para levá-lo a dar mais detalhes sobre o motivo da irritação. Isso não só distrairá a pessoa das emoções que ela está sentindo como muitas vezes ajudará você a identificar algo que possa fazer para melhorar a situação. Em geral, isso basta para que a outra parte sinta que "ganhou" alguma coisa e que não precisa mais ficar com raiva.

Persuadir as pessoas: Ninguém gosta de passar por um interrogatório, mas ao fazer uma série de perguntas abertas você ajuda seu interlocutor a entender os motivos por trás do seu ponto de vista. "O que acha de convocar os vendedores ao escritório por meio dia para fazer um upgrade nos laptops deles?"

Mas não basta aprender a *elaborar* perguntas eficazes: também é preciso saber *escutar* a resposta com atenção. Só dessa forma você entenderá de fato o que seu interlocutor realmente quer dizer. Sempre dê tempo suficiente para a pessoa responder. Talvez ela precise pensar antes de responder, então não interprete uma possível pausa silenciosa como a ausência de resposta. A paciência é uma habilidade interpessoal!

EM AÇÃO

1. Pense numa pessoa com quem você gostaria de construir um relacionamento melhor. Anote cinco perguntas que você pode fazer para desenvolver a afinidade e aprender mais sobre os interesses e valores dela.

2. Se for fazer uma entrevista de emprego em breve, elabore cinco perguntas específicas sobre a empresa em si ou o ramo de atuação dela. Isso pode ajudá-lo a determinar se o cargo é bom para você.

ANOTAÇÕES

11

Fala assertiva

Conversar é uma viagem com um propósito, e o propósito precisa estar mapeado. Uma pessoa que começa uma viagem rumo a lugar nenhum geralmente chega lá.

– Dale Carnegie

Não é segredo para ninguém que a capacidade de se comunicar bem é uma habilidade interpessoal fundamental. Isso é incontestável. Mas aquilo que envolve uma boa comunicação está sempre mudando, sobretudo em ambientes corporativos. Anos atrás, por exemplo, havia menos mulheres no mundo dos negócios. A comunicação nesse ambiente era uma experiência quase exclusivamente masculina. Agora, porém, num local de trabalho muito mais diversificado, existem várias questões novas para as quais precisamos estar atentos em todas as formas de comunicação empresarial. Além disso, as tecnologias, que não param de evoluir, como as mensagens instantâneas pelo celular e videochamadas, criaram novas categorias de comunicação. Essas tecnologias aceleraram exponencialmente a velocidade e a eficiência dos contatos profissionais, mas também aumentaram as possibilidades de erros e mal-entendidos. Falaremos neste capítulo e no próximo sobre essas mudanças e muitos outros tópicos relacionados.

Neste capítulo, nossa discussão se concentrará na terceira habilidade interpessoal fundamental para a comunicação assertiva – mais especificamente, a fala. Vamos compartilhar princípios e aplicações que devem ser empregados em reuniões entre duas pessoas, em grupo e apresentações. No Capítulo 12, vamos nos concentrar na escuta assertiva. A escuta é, sem dúvida, uma das habilidades interpessoais mais menosprezadas e merece um capítulo próprio.

Em qualquer campo de atuação, existe uma diferença enorme entre participação e competência. Alguém pode ser capaz de falar um segundo idioma, mas isso não significa que será tão eficaz quanto um orador profissional. Outro pode saber escrever frases completas, mas isso por si só não o capacita a publicar um livro. Tendo em mente essa distinção, o primeiro passo rumo a uma comunicação eficaz e assertiva é entender que isso realmente é uma habilidade. O simples ato de conversar não é se comunicar, assim como o simples ato de escrever também não é. Essas são áreas que requerem atenção, prática e melhoria contínuas. Você precisa se esforçar, sobretudo quando percebe a importância da boa comunicação para seu sucesso como gestor. Talvez você se surpreenda ao perceber que até conversas aparentemente casuais devem ser tratadas com cuidado num ambiente corporativo. Muitas vezes algo é dito num contexto informal e só depois se descobre que causou um mal-entendido.

A COMUNICAÇÃO EFICAZ EXIGE PLANEJAMENTO

Em geral, a maior parte das conversas que ocorrem num ambiente profissional não é planejada; elas simplesmente acontecem de forma natural. Como líder, você precisa manter o equilíbrio entre uma comunicação amistosa e eficiente e um compartilhamento assertivo de informações. Se você está planejando uma conversa mais formal por algum motivo importante, primeiro precisa identificar claramente esse propósito. Depois, precisa elaborar um plano para ter essa conversa cara a cara. É verdade que certas pessoas são boas de improviso, mas em geral isso acontece porque elas têm um entendimento claro do contexto e de seus próprios objetivos. A maioria das pessoas, porém, necessita de um plano, e ao elaborar o seu você deve ter em mente os três pontos a seguir.

Primeiro, você precisa ter certeza de que sua mensagem foi plenamente compreendida.

Segundo, você precisa compreender aquilo que é dito a você, mesmo que seu interlocutor não seja um bom comunicador. Falaremos mais sobre esse elemento quando discutirmos a escuta assertiva.

Terceiro, você precisa manter o controle da conversa. Certifique-se de que todos os pontos fundamentais sejam abordados e de que todas as perguntas pertinentes sejam respondidas de maneira eficaz. E, claro, tudo isso precisa acontecer num espaço de tempo razoável.

A DINÂMICA DA COMUNICAÇÃO

Para descobrir como alcançar esses três pontos, precisamos observar o que de fato acontece quando as pessoas conversam umas com as outras. O processo é muito mais criativo do que se imagina. Inclui não só compreender plenamente o que é dito mas também entender as intenções de quem está falando, as mensagens implícitas, as ironias e os sarcasmos que vão de encontro ao significado explícito das palavras. Em suma, muita coisa acontece quando as pessoas tentam se comunicar. Usando uma linguagem fácil de entender, evitando ambiguidades e falando num tom de voz claro, você pode facilitar para seu interlocutor a tarefa de compreender exatamente o que você pensa, sente e deseja. Isso vale para quem está tentando resolver um problema com um colega de equipe ou demonstrando apreço ou preocupação.

Pode parecer que planejar cuidadosamente como se expressar demanda muito tempo, mas vale a pena a longo prazo, especialmente levando-se em conta o tempo gasto para desfazer os mal-entendidos e os ressentimentos que surgem com eles. Ao se planejar para se expressar com mais cuidado, você verá que pode economizar tempo e talvez até dinheiro para a sua empresa.

Se você observar as pessoas conversando, vai perceber que a comunicação geralmente contém vários elementos não ditos. A tarefa de preencher essas lacunas de informações implícitas fica a cargo do ouvinte. Por exemplo, um assistente pode dizer a uma executiva: "Seu duas horas chegou." Literalmente, a frase não faz o menor sentido. Mas é claro que o assistente quer dizer: "Seu cliente que marcou uma reunião às duas horas da tarde chegou e está na sala de espera." Também é claro que a executiva compreende a mensagem abreviada, e na maioria das vezes esse processo funciona muito bem. Mas em situações de mudança, ambiguidade, conflito ou pressão para cumprir prazos, talvez essa forma de falar não funcione. Existem muitos motivos para isso.

Talvez seu ouvinte preencha as lacunas de modo totalmente diferente do que você pretendia, ou talvez ele não entenda a importância do que você está dizendo. Talvez só compreenda alguns detalhes e não seja capaz de ver o quadro geral. Talvez, sem querer, você deixe de mencionar elementos importantes por causa das reações que acha que vai provocar. Como os mal-entendidos podem ser muito custosos tanto pessoal quanto profissionalmente, você precisa ajudar seu ouvinte apresentando a situação geral numa linguagem que não o confunda nem o induza a erro.

AS CINCO FERRAMENTAS DA CONVERSA

Pesquisas mostram que existem cinco ferramentas principais que seu ouvinte pode usar para recriar a sua experiência na mente dele. Quanto mais elementos você lhe oferecer, maior será a chance de essa recriação mental ser fiel à mensagem que você quis transmitir. Vejamos essas ferramentas uma a uma.

FERRAMENTA 1: Atenha-se aos fatos

O que você viu, ouviu ou vivenciou e quer comunicar ao seu ouvinte? Aqui o importante é se concentrar nos fatos. O que aconteceu (ou deixou de acontecer)? Quando aconteceu (ou deveria ter acontecido)? Exemplos: "Recebi hoje de manhã sua mensagem sobre o novo cliente" ou "Ainda não recebi o relatório sobre a última pesquisa com os clientes. Acho que tínhamos concordado que esse documento devia ter sido entregue na quinta-feira passada".

FERRAMENTA 2: Compartilhe os sentimentos que os fatos provocam em você

Que sentimentos os fatos provocam em você? Num ambiente profissional, você vai lidar com uma gama relativamente pequena de emoções. Talvez você se sinta feliz com algum acontecimento, empolgado com algo que vai acontecer ou decepcionado por algo que achou que aconteceria, mas acabou não ocorrendo. Exemplos: "Estou muito feliz em ver que você lidou tão bem com a situação" ou "Quando um carregamento se perde, eu perco a confiança na forma como nós preenchemos os nossos pedidos".

FERRAMENTA 3: **Compartilhe o que você está vivenciando**
Que interpretações, necessidades, lembranças ou esperanças embasam seus sentimentos? Tenha em mente que uma conversa no ambiente de trabalho é diferente de um brinde no casamento da sua filha. Não precisa ficar emotivo, mas você pode, e deve, compartilhar sua vivência de líder no comando de várias pessoas e inúmeros projetos. Se sua empresa vem tendo problemas com o sistema telefônico automático, por exemplo, talvez valha mencionar que a economia gerada por uma central automática pode não valer a pena. Se possíveis clientes ficam frustrados ao serem atendidos por uma máquina, e com isso acabam desligando, esse pode ser um bom argumento para contratar um telefonista. Talvez valha a pena mencionar o fato de mais negócios serem perdidos por experiências insatisfatórias ao telefone do que por qualquer outro motivo.

FERRAMENTA 4: **Defina o que você quer**
Que ação, informação ou compromisso você deseja agora? Esse é o ponto mais importante da conversa. É para isso que você está conversando, e é aqui que você precisa ser um comunicador assertivo no melhor sentido da palavra. O ideal é introduzir o assunto de maneira mais ou menos formal, deixando claro que essa é a hora de prestar atenção. A melhor forma de fazer isso é usando uma frase simples: "Posso dar uma sugestão?" Não existe maneira mais eficaz de introduzir um assunto. Na verdade, se você sempre disser "Posso dar uma sugestão?", os membros da sua equipe, quase por reflexo condicionado, vão prestar atenção automaticamente no que você tem a dizer. E como pediu permissão, você estará em posição de dar um direcionamento num contexto bastante positivo.

FERRAMENTA 5: **Na hora de concluir, deixe claro o que seu interlocutor tem a ganhar**
Sempre que der alguma sugestão, deixe claro o que a outra pessoa tem a ganhar. Um exemplo: "Fico feliz em saber que você conseguiu fechar aquela venda pelo telefone. É muito mais eficaz do que uma reunião cara a cara. Posso dar uma sugestão? Quando sentir que o cliente quer marcar uma reunião presencial para fechar o negócio, pergunte se vocês podem fazer isso por telefone, desde que você já tenha um bom relacionamento com ele.

Assim, você certamente vai passar a ganhar mais em comissões, porque vai fazer mais vendas em menos tempo."

Esse modelo dividido em cinco partes é uma ferramenta poderosa para conversas profissionais assertivas e eficazes. É bastante simples e lógico, mas pouquíssimas pessoas o descobrem por conta própria. Muitas vezes, os gestores partem do segundo ponto (sobre os sentimentos que os fatos provocam neles) de maneira inapropriada, especialmente quando os sentimentos são negativos. "Eu fico furioso quando esse tipo de coisa acontece!" Seja exatamente com essas palavras ou de outra maneira, essa frase é dita literalmente milhões de vezes por dia em empresas do mundo todo. Mas que mensagem ela transmite? A ênfase está no que o gestor está sentindo, ao passo que os verdadeiros mestres da liderança enfatizam o negócio em si.

Essas cinco ferramentas de assertividade podem ser muito eficazes, mas nem todas são obrigatórias para uma comunicação eficaz entre duas pessoas. Vale a pena sempre confirmar que a outra parte compreendeu claramente o que você disse. Também é importante perguntar, com tato, se seu interlocutor tem alguma reserva ou objeção ao que você disse. Na verdade quase sempre há objeções, mas elas só vão aparecer se você perguntar.

PERGUNTAS SÃO UM BOM SINAL

Quando for falar, procure lidar de antemão com possíveis objeções, acrescentando informações que facilitem a compreensão da sua mensagem. Da mesma forma, quando outros estiverem falando, faça perguntas para compreender a linha de pensamento deles. Se nem você nem seus ouvintes fizerem qualquer pergunta, há uma boa chance de a comunicação ter sido aquém da ideal.

Este é um ponto fundamental. Conforme os gestores vão subindo a escada corporativa e se tornando executivos seniores, muitos passam a acreditar que todos os admiram e concordam com eles. O ideal é que seja assim, mas é possível que sua equipe simplesmente tenha medo de falar o que pensa. Como líder, você deve pressupor que as pessoas têm algo a questionar ou acrescentar ao que você disse. Se essas opiniões não chegam a você, você deve presumir que não foi bem-sucedido na tarefa de finalizar a conversa. Nesse sentido, uma conversa profissional assertiva é como uma reunião de vendas. Se o cliente não faz objeções, quase sempre ele sentirá remorso, e pode haver consequências negativas. Portanto, não permita que seu ego o convença de que tudo foi compreendido e aceito. Na verdade, você deve pensar o inverso.

Após ouvir as objeções à sua mensagem, você deve usar uma técnica básica de dinâmica interpessoal – repetir e confirmar o que acabou de ouvir. Também existe uma forma muito simples de fazer isso com uma só frase. Diga apenas algo como "Deixe-me ver se entendi o que você está dizendo". Em seguida, parafraseie o que a pessoa acabou de falar, mostrando que você escutou, compreendeu e considerou o que foi dito. Tenha em mente também que nem sempre é necessário lidar com objeções assim que as ouve. Reserve algum tempo para responder da melhor forma possível. A primeira coisa que você precisa fazer é trazer as objeções à tona. A segunda é mostrar que entendeu e que as leva a sério. Transmita a sua mensagem, faça perguntas que tragam possíveis objeções à tona e, por fim, procure compreendê-las e respeitá-las.

ESCREVA E COMPARTILHE IDEIAS IMPORTANTES

Caso entenda que uma conversa abordou assuntos fundamentais, escreva o que foi tratado e mande por e-mail para as partes interessadas. Por incrível que pareça, isso é tão importante para aquela conversa ao lado do bebedouro quanto para reuniões formais. Às vezes, decisões fundamentais são tomadas de forma espontânea e sem qualquer alarde. Novas ideias surgem. Sementes são plantadas e, com o acompanhamento correto, podem se desenvolver e se tornar grandes projetos.

Nesse contexto, escrever um e-mail é uma das melhores maneiras de usar a tecnologia a seu favor. É uma forma rápida de criar um lembrete e fazer com que ele circule. É possível que a ideia não se transforme em algo fundamental para a empresa, mas sempre há uma chance de isso acontecer. E esse e-mail tem outros benefícios. Você pode usá-lo para pedir esclarecimentos. Seria como dizer: "Foi isso que nós conversamos e concordamos em fazer?" Ao escrever seus pensamentos, você pode perceber que deixou de fazer perguntas ou comentários importantes na conversa inicial.

LIDE COM OS CONFLITOS DE FORMA CONSTRUTIVA

Mesmo que você use todas as ferramentas e técnicas discutidas aqui, algumas vezes as conversas se transformarão em confronto e conflito. É preciso encarar essa realidade e olhar mais uma vez para o real significado da palavra "assertividade". Segundo o dicionário, assertivo é um adjetivo usado para pessoas que demonstram "segurança, decisão e firmeza nas atitudes e palavras". Esse deve ser sempre o seu objetivo. Ser assertivo não significa vencer. Não significa fazer mais pontos do que o seu interlocutor. Se as pessoas discutirem ou até perderem a paciência com você, mantenha-se calmamente assertivo. Para isso, baseie-se no modelo em duas partes explicado a seguir.

Primeiro, reconheça o que está sendo dito – mostre que entende a posição da outra parte ou parafraseie o que foi falado, como mencionado. Numa discussão acalorada, essa é uma forma educada de dizer "Já ouvi o que você falou".

Em seguida, você pode expressar seu ponto de vista de maneira clara e concisa, valendo-se de evidências que apoiem esse ponto de vista. Cuidado para não exagerar nas evidências, pois do contrário você pode passar a impressão de que está num tribunal. Deixe claro o que você quer que aconteça a partir de então. Essa é uma forma de levar a discussão a evoluir em vez de ficar travada no mesmo lugar.

Haverá momentos em que um argumento mais enérgico de sua parte terá um resultado positivo. Mas também haverá outros em que essa estratégia não surtirá efeito, sobretudo se você estiver lidando com indivíduos que não querem escutar. Podem ser seus subordinados, mas na maioria dos casos são superiores. Se for esse o caso, você deve concordar com a decisão do chefe, mas também deve deixar claros seus motivos e objeções para se opor à decisão. Se você acha que está correto, fale. Ao mesmo tempo, dê a seus subordinados a mesma liberdade. Esteja sempre aberto para a possibilidade de alguém ter razão ao discordar de você. Se ficar comprovado que a pessoa estava certa, reconheça isso com elegância.

Quando tiver uma conversa difícil, seja profissional. Não perca o autocontrole, mesmo que queira dar essa impressão. Nesse caso, faça isso de forma consciente. Lembre-se de que ofender as pessoas só serve para distraí-las do ponto principal – elas provavelmente não vão escutar o que você tem a dizer. Talvez você se sinta satisfeito ou empolgado a curto prazo, mas a longo prazo essa estratégia estica e intensifica o embate.

De modo geral, grosserias e palavrões não devem fazer parte de uma comunicação assertiva. Não é uma questão de moralidade, mas de natureza humana. Quando certas palavras ganham destaque numa conversa em tom raivoso, o ouvinte passa a prestar atenção somente nelas. Assim, os palavrões acabam minando a sua mensagem, e para muitas pessoas eles são desagradáveis ou até ofensivos. Em vez reagir imediatamente e dizer algo de que possa vir a se arrepender, recue um passo e deixe para reagir depois.

A COMUNICAÇÃO EM REUNIÕES E APRESENTAÇÕES

Até o momento focamos em conversas entre duas pessoas. Para complementar este capítulo, vamos abordar agora as comunicações em grupo, como as que ocorrem em reuniões e apresentações.

Em qualquer empresa, reuniões são fundamentais para a atribuição de tarefas e para o fluxo de informações. Elas são o veículo que vai reunir recursos de diversas fontes e direcioná-los a um objetivo comum a todos. Ocorre que as pessoas detestam reuniões. A maioria acha que elas são inúteis, entediantes, inconvenientes e um desperdício de tempo.

Como líder, seu desafio é romper com essa percepção e fazer com que suas reuniões sejam eficazes. Assim como qualquer outra forma significativa de comunicação, as reuniões precisam ser planejadas, conduzidas com cuidado e, posteriormente, revisadas, para se descobrir o que deu certo e o que precisa melhorar. Em última análise, as reuniões são a forma derradeira de conversa gerenciada num ambiente empresarial. Se você se tornar conhecido por conduzir reuniões decisivas e eficazes, sua equipe vai valorizar essa eficiência e vai estar preparada para ouvir suas contribuições nesse momento. Ao mesmo tempo, seus chefes vão notar seu trabalho nessa área tão complicada.

Participantes

A primeira pergunta a fazer sobre reuniões sempre é: "Quem deve participar?" Tome cuidado com essa escolha. A reunião perde a eficácia se houver um grande número de pessoas. Se alguém insistir em comparecer sem ser chamado, explique que não é necessário e, de forma educada mas firme, impeça qualquer presença que não seja fundamental. Em geral, a maioria das pessoas gosta de ser liberada de uma reunião.

Duração

Você deve se planejar para que a reunião dure quanto tempo? À primeira vista pode parecer difícil prever a duração de uma reunião, mas essa é uma tarefa necessária. Conversas tendem a preencher o tempo disponível, portanto, se a reunião não tiver uma duração predeterminada, vai se prolongar indefinidamente, sem final à vista. Estabeleça um horário para encerrar a reunião, de modo que todos possam planejar o resto do dia.

De antemão, comunique a todos o horário limite, e logo no começo da reunião relembre esse horário. Muitas pessoas tendem a ver as reuniões como momentos para relaxar, pois ninguém precisa participar de forma ativa do começo ao fim. Você pode mudar essa visão enfatizando o limite de tempo: "Isto é o que precisamos fazer, e esse é o tempo que temos para isso." Se algum assunto novo e importante surgir inesperadamente, mantenha o plano original e não estique a reunião. O assunto novo será abordado em outra reunião.

Pauta

O propósito da pauta é informar aos participantes de antemão o tema da reunião e estruturar a discussão. Para que as pessoas possam sugerir ideias, envie um esboço de pauta e peça comentários. Depois, elabore uma pauta revisada e a reenvie aos participantes assim que possível.

Na pauta final deve constar o propósito de cada parte da reunião. É preciso deixar bem claro o objetivo. Se não for possível resumir o objetivo em alguns pontos, isso indica que provavelmente ele é complexo demais. O propósito geral da reunião deve ser preciso o bastante para poder ser resumido num título curto no alto da página impressa com a pauta.

Coordenação das contribuições

Enquanto a reunião acontece, como líder e facilitador, você deve ser assertivo na tarefa de coordenar as contribuições dos presentes. O grau de controle que você exerce sobre o encontro pode variar ao longo do tempo. Se você começa com o pé direito, a reunião pode caminhar com as próprias pernas, sobretudo se os participantes se conhecem bem. Mesmo assim, você deve estar sempre pronto para intervir no intuito de cumprir os objetivos da reunião.

Propósito

O propósito da reunião pode determinar a forma de conduzi-la. Por exemplo, se o propósito for compartilhar informações, a reunião pode começar com uma apresentação formal seguida de perguntas dos participantes. Se for buscar informações sobre como resolver um problema, pode começar com uma frase curta sobre o tema e depois abrir para uma discussão ou um brainstorming. Se for tomar uma decisão, o grupo pode revisar as opções, estabelecer critérios, chegar a um acordo sobre como decidir e, por fim, tomar a decisão. Tenha em mente que o sucesso de uma reunião costuma depender do nível de confiança dos participantes. Todas as ideias pertinentes devem ser bem-vindas. Não se deve rir ou fazer pouco caso de ninguém, e mesmo as ideias mais fracas devem ser tratadas com seriedade. Todas essas diretrizes devem ser seguidas à risca, no espírito da comunicação assertiva e das boas habilidades interpessoais.

Para fechar a discussão sobre comunicação oral e habilidades interpessoais, é interessante notar como esse tema é fundamental para o sucesso. A história bíblica da Torre de Babel ilustra bem essa afirmação. Ela mostra uma civilização tentando construir um edifício tão alto que poderia chegar ao céu. A torre crescia sem parar. Como essa não era a forma correta de a humanidade chegar ao Paraíso, o Criador deu fim ao projeto. Para isso, Ele não precisou se valer de raios ou terremotos. Bastou introduzir o conceito de linguagem no mundo. A partir de então, as pessoas não foram mais capazes de compreender o que as outras diziam, e o progresso da Torre de Babel parou.

Sua empresa pode não ser um meio de chegar ao Paraíso, mas é uma empreitada coletiva totalmente dependente de uma boa comunicação entre seus membros. Se você e seus colegas não forem capazes de compartilhar ideias de forma proativa e solidária, nada mais importará. A incapacidade de se comunicar leva qualquer projeto coletivo ao fracasso. Por outro lado, literalmente tudo é possível quando as pessoas são capazes de trabalhar juntas. Tenha isso em mente quando for falar com sua equipe. Assim, você irá mais longe do que imagina.

EM AÇÃO

1. Em geral, achamos que estamos nos comunicando de forma eficaz e que nossas instruções são entendidas por todos, mas na verdade nem sempre isso acontece. Ao longo da próxima semana, analise suas habilidades de comunicação: sempre que tiver qualquer contato com alguém, descubra se sua mensagem foi entendida como você quis transmiti-la. Faça perguntas aos seus ouvintes para confirmar se tudo ficou claro.

2. Quando estiver se comunicando, o ideal é incorporar ao seu repertório as cinco ferramentas a seguir:

    Ferramenta 1: Atenha-se aos fatos.

    Ferramenta 2: Compartilhe os sentimentos que os fatos provocam em você.

    Ferramenta 3: Compartilhe o que você está vivenciando.

    Ferramenta 4: Defina o que você quer.

    Ferramenta 5: Na hora de concluir, deixe claro o que seu interlocutor tem a ganhar.

    Reserve um tempo para elaborar uma apresentação para a próxima reunião. Depois, repasse as cinco ferramentas para garantir que você as aplicou à sua fala. Por fim, anote o que descobriu a partir da resposta à sua apresentação e da efetividade dela.

3. Lidar com conflitos de forma construtiva no ambiente de trabalho pode ser uma tarefa difícil. Em quais das seguintes áreas você pode melhorar suas habilidades de resolução de conflitos? Marque um X nas áreas que você sente que precisam de mais atenção. Em seguida, elabore um plano para desenvolver essas habilidades e integrá-las à sua rotina diária.

☐ Eu deixo claras as minhas intenções.

☐ Meu objetivo não é vencer, mas me sair bem na conversa.

☐ Eu mantenho uma calma assertiva.

☐ Eu deixo claro ao meu interlocutor que compreendo tudo o que ele está dizendo.

☐ Eu me expresso de maneira clara e concisa, e uso evidências que dão suporte ao ponto de vista que defendo.

☐ Quando necessário, eu concordo com a decisão dos meus superiores.

☐ Quando necessário, eu deixo claras as minhas objeções e por que penso assim.

☐ Estou aberto para a possibilidade de alguém discordar de mim e estar correto.

☐ Eu mantenho a calma e não perco o autocontrole.

☐ Eu não insulto nem ofendo ninguém.

☐ Quando tenho uma conversa difícil, eu sempre me comporto de maneira profissional.

ANOTAÇÕES

12

Escuta assertiva

Esse é um dos fatos mais básicos da psicologia humana. Nos sentimos lisonjeados quando recebemos a atenção das pessoas. Nos sentimos especiais. Queremos estar perto das pessoas que demonstram interesse em nós. Queremos mantê-las por perto. E costumamos manter a reciprocidade: demonstramos interesse nessas pessoas.

– Dale Carnegie

Escutar é uma arte, uma habilidade e uma disciplina, e, assim como outras habilidades, requer autocontrole. Como líder, você deve compreender o que está envolvido na escuta e desenvolver as técnicas necessárias para ficar em silêncio e prestar atenção no que está ouvindo. Precisa aprender a ignorar as próprias necessidades e se concentrar na pessoa que está falando. Ouvir só se transforma em escutar quando você presta atenção ao que é dito.

Não resta dúvida de que escutar é uma habilidade interpessoal essencial. Pesquisas mostram que a maioria das pessoas passa 70% do tempo em que estão acordadas interagindo com outros seres humanos de alguma forma, e 45% desse tempo é empregado escutando. Assim como em qualquer outra atividade à qual você dedica grande parte do dia, é melhor ser bom do que ruim nessa. Escutar com assertividade é ser bom em escutar o outro, e o primeiro passo para isso é compreender o que realmente acontece durante uma interação entre pessoas.

OBEDEÇA ÀS REGRAS DA CONVERSA

Analogias nunca são perfeitas, mas existe uma que chega muito perto de explicar exatamente o que acontece quando as pessoas falam e escutam. É uma analogia entre comunicação humana e dirigir no trânsito. É pouquíssimo provável que você conheça todas as pessoas nos carros ao seu redor, mas quando os automóveis param juntos num sinal, o carro da direita tem a preferência. A maioria das pessoas respeita isso e permite que o carro da direita arranque primeiro. Às vezes até gesticulam para avisar, e em geral quem está à direita acena ou buzina para agradecer. É assim que funciona, e quando as pessoas já dirigem há algum tempo elas entendem e seguem os protocolos.

Mas existem exceções. Algumas pessoas pisam fundo no acelerador. Outras dirigem devagar demais. Nos semáforos, algumas pessoas não dão preferência ao motorista da direita, e outras atravessam o cruzamento sem frear. São comportamentos extremamente irresponsáveis e perigosos, e existem penalidades para quem faz isso. O motorista pode receber multas e até ter a carteira suspensa, sem contar o risco de provocar acidentes.

Uma conversa funciona basicamente do mesmo jeito, embora as placas e os semáforos sejam um pouco mais sutis. Talvez você não conheça bem a pessoa com quem está conversando, mas a experiência lhe ensinou quando é sua vez de escutar e quando é sua vez de falar. Não existem placas ou semáforos físicos, mas você aprendeu a sentir e respeitar o momento. Assim como certos cruzamentos são complexos e engarrafados, conversas envolvendo várias pessoas podem exigir mais atenção dos participantes. Mas mesmo que quatro ou cinco pessoas estejam conversando, tudo corre bem se todas as partes obedecerem às regras.

Mais uma vez, porém, existe o problema daqueles que não obedecem às regras. São os que ultrapassam o limite de velocidade da conversa, que sempre falam de modo acelerado. Também há os que falam devagar, quase parando. E os perigosos, que, com suas grosserias e sua falta de sensibilidade, parecem loucos para causar acidentes. O problema das pessoas que infringem as regras é que não há polícia ou guardas municipais, e elas tiram vantagem desse fato e fazem o que querem e bem entendem.

Quando você dirige, provavelmente quer ir o mais rápido possível e de forma segura para chegar ao destino no menor tempo. Você não é de correr, mas uma vez ou outra vai 10km/h ou 15km/h acima do limite de velocidade numa autoestrada. E quando está conversando? Você dirige acima do limite? Você de fato para nos sinais e placas ou só reduz a velocidade?

Tal qual as pessoas que andam um pouco acima do limite de velocidade, existe uma grande chance de você estar mais concentrado em falar do que em escutar. Mas, para praticar a escuta ativa, primeiro você precisa se conscientizar dessa tendência, para depois mudá-la.

ESCUTA EMPÁTICA

Todos nós queremos falar e ser ouvidos. Mas escutar de verdade é mais do que simplesmente ouvir as palavras. É mais do que compreender a mensagem do seu interlocutor – é compreender também as circunstâncias e os sentimentos dele. Esse é o significado de empatia, que é o elemento básico da escuta ativa. Ter empatia é entender as pessoas tão bem que, pelo menos por um instante, você consegue sentir o que elas sentem. É escutá-las com atenção e identificar-se com elas, a ponto de vivenciar a situação, os pensamentos e as emoções delas. Bons amigos fazem isso; bons médicos também. E bons líderes são igualmente capazes disso.

A escuta assertiva e empática mostra que você entende as pessoas e se importa com elas. Quando elas percebem isso, sentem-se naturalmente mais confortáveis e confiantes ao se comunicarem com você. Passam a confiar em você e se abrem mais. Se perceberem que você não entendeu o que querem dizer, vão se sentir à vontade para corrigir sua impressão equivocada. Como resultado, você terá uma percepção mais clara e precisa do que realmente está sendo dito.

Em suma, a escuta assertiva lhe permite aprender mais sobre os integrantes da sua equipe. Ela elimina a superficialidade da conversa e traz à tona o que as pessoas realmente estão pensando. Ao praticar a escuta ativa, você é capaz de conduzir a conversa rumo aos assuntos importantes sem precisar se valer de formalidades. Como seu interlocutor sabe que é seguro falar sobre esses assuntos, pode expressar o que realmente está sentindo. De sua parte, isso não é só um movimento bom para os negócios – é o comportamento de quem realmente se importa.

De início, a escuta assertiva pode exigir concentração e esforço, mas em pouco tempo você verá que ela facilita as conversas profissionais. Ela reduz a impaciência, tão comum nas interações profissionais, e pode eliminar pressuposições negativas equivocadas, pois você passa a compreender melhor quem realmente é a pessoa com quem está conversando. A escuta assertiva é uma das habilidades interpessoais mais importantes que você pode adquirir, mas é impressionante como poucas pessoas a dominam.

BARREIRAS CONVERSACIONAIS A SE EVITAR

Como já discutimos, a escuta assertiva se baseia no interesse genuíno em conhecer o outro. Para isso, é preciso evitar certas barreiras conversacionais muito comuns. Vejamos algumas delas.

Em primeiro lugar, evite ficar se comparando a seu interlocutor. A maioria não faz isso em voz alta, mas enquanto a outra pessoa está falando muitos pensam coisas como "Eu sou mais inteligente que essa pessoa?", "Eu vivi uma vida mais dura que a dessa pessoa?" e, especialmente, "Mal posso esperar até essa pessoa parar de falar. Assim vou poder contar a minha história, que, aliás, é muito mais interessante que a dela."

Essa última tendência é muito importante. Quando você passa a notá-la, percebe como esse tipo de pensamento aparece em seus pensamentos e suas conversas o tempo inteiro. É o famoso "querer ficar por cima", o impulso de contar uma história melhor que a da outra pessoa. Alguém diz "Meu voo atrasou duas horas", e na hora você retruca "O meu atrasou três". Alguém diz "Quebrei o braço", e você pensa "Pois eu quebrei a perna". Alguém diz "Peguei um peixe grande", e você imediatamente faz uma varredura mental em busca do maior peixe que já pescou, ou talvez o maior peixe que seu cunhado já tenha pescado. Isso é tentar ficar por cima. É um comportamento tão comum que qualquer um reconhece, e você certamente entende por que esse comportamento é um inimigo mortal da escuta assertiva.

A segunda barreira conversacional é tentar ler a mente de quem está falando em vez de escutar o que é dito. Se alguém diz "Eu adoro trabalhar aqui", você interpreta da seguinte forma: "Na verdade, ele odeia trabalhar aqui, mas diz que adora porque tem medo de perder o emprego."

Assim você não está praticando a escuta assertiva; está tentando ler a mente da pessoa, está focando nos seus poderes de interpretação em vez de escutar o que ela está falando e, pelo menos por um momento, dar a ela o benefício da dúvida.

O terceiro obstáculo à escuta assertiva é a chamada filtragem, que basicamente consiste em prestar atenção ao ouvir algo de seu interesse ou com o qual concorda e ignorar completamente todo o resto. Grande parte de qualquer conversa, seja ela profissional ou pessoal, é calcada no estabelecimento de um sentimento de cumplicidade ou nos interesses em comum com a outra pessoa. Se esse senso de cumplicidade ou de interesse em comum não surge, o que surge no lugar é uma tendência a ignorar o que o outro está dizendo. Se alguém mostra interesse por algo que não lhe interessa, é possível que você decida ignorar essa pessoa por completo. Se alguém diz que adora assistir a corridas ou tem um cachorro, você pode desvalorizar as ideias que essa pessoa tem para a sua empresa só porque você não é fã de automobilismo e prefere gatos. Talvez ela tenha ideias ótimas sobre estratégia de marketing, mas você nunca saberá.

Existem muitas outras barreiras além dessas três. Há pessoas que adoram julgar e criticar as outras: decidem que uma frase é "maluca", "entediante", "imatura" ou "hostil" antes mesmo de ser completada. Outras têm uma abordagem mais terapêutica: ao longo da conversa, vão pensando nos conselhos que podem dar. Para certas pessoas, toda conversa é um debate intelectual, e o objetivo é derrotar o adversário. Talvez você ache que sempre tem razão em relação a questões de trabalho, então pergunta a si mesmo por que deve escutar o outro. Algumas pessoas têm medo de manter uma conversa séria e fazem piadas para criar um clima descontraído. Pelo mesmo motivo, há também os que concordam com tudo o que a outra pessoa diz para permanecerem em segurança na sua zona de conforto.

Existe uma grande chance de você já ter se deparado com pelo menos alguns desses obstáculos à escuta assertiva. Que bom que você percebeu, pois só é possível mudar um comportamento quando você sabe que ele existe.

Por causa dessas e outras barreiras inerentes à maioria das conversas, em geral as pessoas costumam se lembrar de apenas cerca de 65% do que escutam ao longo de uma conversa de 20 minutos. Praticar a escuta ativa não é uma tarefa fácil. Aliás, não é sequer algo natural, tendo em vista que os obstáculos que acabamos de listar são expressões naturais da psicologia interpessoal. Ninguém consegue manter a concentração por muito tempo. Por outro lado, a escuta ativa representa um esforço para voltar aos trilhos. Pessoas que praticam a escuta ativa fazem perguntas para esclarecer certos pontos e deixam claro para o interlocutor que a mensagem dele está sendo ouvida com atenção e compreendida. Acima de tudo, pessoas que praticam a escuta ativa evitam preconceitos e vieses, opiniões tacanhas e defesas internas que as impeçam de escutar o que realmente está sendo dito. Lembre-se de algo que Mark Twain escreveu certa vez: "Se o ser humano fosse feito para falar mais do que escutar, nasceria com duas bocas e uma orelha."

E QUANDO ALGUÉM REAGE MAL AO QUE OUVE?

À medida que escuta, você deve ter reações. Mas por quê? Para poder ouvir mais! De uma forma ou de outra, até quem não é bom ouvinte reage ao que ouve, mas existe um amplo espectro de reações, que vão da hostilidade pura e simples até a verdadeira empatia. Vamos dar uma rápida olhada nesse espectro, da pior à melhor reação, da indiferença total à escuta assertiva.

Em último lugar estão as pessoas que querem que o assunto mude e mudam o assunto de fato. Alguém diz "Eu acho que devemos ter menos reuniões na sexta" e o ouvinte responde "Viu o jogo ontem?".

Um grau acima dessas pessoas estão as que dizem "Eu sei do que estou falando". A pessoa diz "Meu computador deu problema" e você responde: "Com certeza não é nada. Vou dar uma olhadinha quando tiver tempo." Muitas vezes esses comentários são acompanhados de outros como "Você devia ter lido o manual de instruções" ou "Dá para ver que você tem dificuldade com a tecnologia".

Uma extensão dessa postura é a reação crítica. Alguém diz que comeu demais no almoço e você responde "A obesidade é uma desgraça nacional e está aumentando o custo dos planos de saúde". Esse é um exemplo extremo, claro, mas muitos de nós se sentem quase obrigados a julgar o próximo. A escuta assertiva exige que tiremos as togas, pelo menos durante a conversa.

Acima desses estão os que adoram dar conselhos, que é uma forma menos moralista de criticar.

Um colega diz que tem medo de pedir um aumento ao chefe. Em vez de focar no assunto que ele quer tratar (o medo), você diz a ele o que dizer ao chefe ou minimiza o que ele está sentindo com a justificativa de que está restabelecendo a confiança dele: "Ah, todo mundo fica nervoso quando o assunto é pedir aumento. Não fique assim." Em outras palavras, você está dizendo que não quer mais ouvir falar desse assunto.

A maioria das pessoas tem pelo menos uma dessas reações. Se elas só acontecessem uma vez ou outra, não haveria problema, mas a falta de habilidade na escuta parece ter se tornado comum. Nos habituamos a mudar de assunto ou a dar conselhos. A melhor maneira de acabar com um mau hábito não é suprimi-lo, mas substituí-lo por um bom hábito. Vamos ver como subir na escala de reações, em direção às opções positivas e assertivas.

OPÇÕES DE ESCUTA ASSERTIVA E POSITIVA

A primeira dessas opções é corrigir qualquer pressuposição que você tenha a respeito dos pensamentos, dos sentimentos e da situação do seu interlocutor. Muitas pessoas escutam só uma parte do que a outra está dizendo ou dando a entender e se apressam em tirar conclusões. Se a outra pessoa perceber, vai perder a vontade de continuar falando. Geralmente esse é um processo inconsciente de quem está escutando, por isso é importante treinar para pedir mais esclarecimentos e explicações, mesmo que você não considere necessário. Nunca pressuponha que ouviu tudo o que precisa saber. Pressuponha o contrário.

Acima desse nível de reação começamos a realmente nos aproximar da escuta assertiva. Aqui, você já está reagindo com empatia genuína. Você se coloca no lugar do outro. Seus comentários mostram que você prestou atenção no que foi falado. Você parafraseia o que escutou de forma respeitosa e natural. Com isso, a outra pessoa sabe que você está prestando atenção e que se importa com o que foi falado. O que dizemos é um reflexo das nossas habilidades de escuta.

Tudo isso exige habilidade e técnica. Por exemplo, é melhor evitar fazer comentários categóricos, porque perguntas empáticas são, na verdade, afirmações. Quando pergunta "Você está desanimado?", na verdade você está dizendo "Dá para ver que você está triste com alguma coisa". Mesmo que não acerte em cheio, uma abordagem menos enfática dá a você a chance de acabar com mal-entendidos e entrar em sintonia com seu interlocutor. Por isso é importante ao longo da conversa fazer comentários breves que mostrem que você entendeu o que acabou de escutar. Se você passa dois ou três minutos sem fazer qualquer comentário, a pessoa que está falando pode concluir que você não está interessado no assunto, discorda do ponto de vista dela ou não está entendendo.

DÊ FEEDBACKS CONSTRUTIVOS

Conforme melhora e ganha experiência na escuta assertiva, você alcança um nível totalmente novo de reação. Uma coisa incrível que acontece é que você se torna capaz de entender o que as pessoas estão pensando e falando antes de elas mesmas saberem. E, fazendo as perguntas certas, você pode ajudá-las a alcançar esse nível compreensão também. Na maioria das vezes, elas vão gostar do feedback e vão concordar com sua interpretação e sua análise. Com a escuta assertiva, você saberá o momento exato de apresentar suas ideias. Não é algo que você deseje fazer precipitadamente. Se você queimar a largada, sua interpretação pode soar pessoal, negativa e prematura. Portanto, aqui também é importante evitar ser muito enfático. É sempre melhor começar as frases com "Tive a impressão de que...", "Estou pensando se...", "Me parece que..." do que partir direto para o assunto.

Com a escuta assertiva, geralmente somos capazes de compartilhar ideias úteis que podem até transformar vidas para melhor. Dale Carnegie com certeza era um ótimo ouvinte, e por meio de livros e programas de treinamento disponibilizou as ferramentas e técnicas que dominou. Talvez você esteja se perguntando se um dia alcançará esse nível de habilidade interpessoal, mas é fato que nada do que Dale Carnegie fez ao longo da vida está fora do seu alcance, e isso vale especialmente para a escuta e a comunicação assertivas.

TÉCNICAS ADICIONAIS DE ESCUTA ASSERTIVA

Para terminar este capítulo, vamos rever alguns dos pontos centrais desse tema. São técnicas básicas de escuta que você pode usar para melhorar sua comunicação assertiva.

Lembre-se, por exemplo, de que parafrasear é uma boa forma de mostrar que você realmente está prestando atenção. Em geral, essa técnica melhora a sua compreensão do assunto e mostra que você valoriza o que a outra pessoa está dizendo. Quando houver uma pausa natural na conversa, repita o que ouviu usando suas próprias palavras. Em seguida, pergunte à pessoa se está correto.

Faça perguntas e peça esclarecimentos sempre que não entender algo. Ao pedir a seu interlocutor que explique o que sente, você o ajuda a se abrir e a fazer considerações e reflexões mais profundas. Tenha certeza de que entendeu o que está escutando antes de reagir. Lembre-se: nem você nem seu interlocutor compreendem plenamente o processo subjetivo de filtragem que ocorre enquanto um de vocês fala, portanto peça esclarecimentos mesmo que não ache necessário.

Além de ser assertivo na escuta, é importante ser assertivo ao dar feedback. O feedback é o ato de informar ao seu interlocutor a sua reação ao que escutou. Sempre deixe claro que o seu feedback se baseia na sua interpretação do que foi dito. Se o feedback é negativo, acrescente que talvez você não tenha entendido plenamente o que escutou. Tenha sempre em mente as três regras fundamentais para dar feedback no ambiente de trabalho: ele deve ser imediato; deve ser honesto; e, mesmo que seja negativo, precisa ser emocionalmente encorajador e nunca deve ser maldoso ou agressivo.

Cuidado com a linguagem corporal. Até 90% da comunicação interpessoal é visual. Num diálogo, você capta não apenas as palavras mas também informações por meio da postura e do que chamamos de distância social (se seu interlocutor está fisicamente perto ou longe e se está olhando nos seus olhos). Na maioria das vezes a linguagem corporal prevalece sobre as palavras. Posicione seu corpo de uma forma que sugira empatia, abertura e atenção. Enquanto escuta, acene com a cabeça de vez em quando e mantenha um contato visual apropriado para demonstrar interesse. Algumas pessoas se sentem ouvidas quando o interlocutor faz contato visual e acena com a cabeça. Já outras se distraem com a linguagem corporal do ouvinte e preferem que ele preste atenção parado. Procure perceber qual é a preferência do seu interlocutor. Uma forma de deixá-lo mais à vontade é imitar os gestos dele. Caso perceba uma discrepância entre o que está sendo dito e o que vê, peça um esclarecimento.

Tenha sempre em mente que interrupções, conselhos e perguntas carregadas de críticas são barreiras à escuta assertiva. Caso esteja conversando com um amigo ou alguém íntimo, tudo bem se você relatar uma história semelhante à que acabou de ouvir. Mas, no ambiente de trabalho, esse comportamento pode gerar distração e geralmente demonstra o desejo de ficar por cima. Se você se pegar dizendo algo como "Isso que você disse me lembrou uma vez que...", resista à tentação de continuar.

SINCERIDADE É FUNDAMENTAL

Qualquer que seja a situação, a sinceridade é o elemento mais importante na comunicação humana, seja no papel de falante ou de ouvinte. A maioria das pessoas é capaz de aceitar o estilo do ouvinte, desde que ele demonstre que está atento ao que é dito. Ao dominar a escuta assertiva, você aprende a validar a experiência de todos, não importa quais sejam suas crenças e convicções. Isso não significa que você precisa concordar com todo mundo, mas que vai escutar e aceitar as impressões de seu interlocutor, prestando atenção ao que é dito e deixando de lado suas reações pessoais. Essa é uma habilidade interpessoal fundamental para qualquer líder.

Em dado momento da conversa, quando uma relação de confiança já tiver sido estabelecida, você pode dizer que sua experiência ou a do outro o levou a uma conclusão diferente. Mas ao fazer isso deixe bem claro que você escutou o relato da experiência do seu interlocutor e compreende as convicções que ele desenvolveu a partir dessa experiência. Não precisa se aprofundar no seu posicionamento em grandes detalhes. Se a outra parte pedir isso, diga que é um assunto para outra conversa e que agora você prefere escutar o que ela tem a dizer. Muitas vezes, quando um subordinado pede que o chefe conduza a conversa, ele está buscando uma forma de recuar e evitar confrontar o que ele realmente quer dizer. Não caia nessa cilada, mesmo que pareça que o outro quer ouvir você.

A escuta assertiva pode ser um fator transformador na relação entre chefe e subordinado. Pessoas que se sentiam ameaçadas ou desvalorizadas no passado podem ter a sensação de que são únicas e valiosas, talvez pela primeira vez.

Se surgiu um conflito, essa pode ser uma boa chance para ambas as partes aprenderem uma sobre a outra enquanto colegas, seres humanos e até possíveis amigos.

Em geral, nossa sociedade não ensina as habilidades da escuta assertiva. Costumamos agir de acordo com um modelo de discussão fundamentado no confronto e um modelo de argumentação baseado na razão em vez de privilegiar a escuta atenta e estimular o entendimento e o respeito mútuos. Nosso paradigma é "A melhor ideia vencerá", não "Todos podem contribuir para a melhor solução, que provavelmente ainda não foi pensada". Vale notar que tanto o estilo de discussão baseado no confronto quanto a escuta assertiva são buscas da verdade. A única diferença entre elas é a abordagem. Ocorre que, em termos de habilidades interpessoais, a abordagem combativa invariavelmente fará perdedores e semeará futuros conflitos.

Nesse sentido, a escuta assertiva pode não só ajudar no processo de reconciliação como também pode ser uma ferramenta para manter a paz. Já foi dito que "um adversário é alguém cuja história ainda não ouvimos". Ao realmente escutar o relato da experiência de alguém e entender seus medos e aspirações, você será capaz de enxergar essa pessoa como uma aliada. Talvez você discorde dela ou ache que tem pontos de vista opostos. Mas ainda assim você a enxergará como um ser humano valioso e um parceiro num esforço em conjunto. Como disse Dale Carnegie:

> Você precisa aprender tanto a escutar quanto a falar. Aqueles que desprezam esse ponto de vista demonstram que não estão dispostos a escutar: a frase pode ser banal, mas a mensagem é fundamental para sua eficácia como líder. Se você não desenvolve sua habilidade de escuta, talvez deixe de ouvir o segredo que o levará ao sucesso.

EM AÇÃO

1. Estar completamente presente e atento e escutar o que diz seu interlocutor exige esforço e prática. Leia a lista de regras abaixo e marque um X naquelas que você segue. Pratique as que não segue até que se tornem parte da sua rotina.

- [ ] Eu não interrompo os outros nem falo enquanto eles estão falando.
- [ ] Eu foco minha atenção totalmente no que a outra pessoa está dizendo.
- [ ] Eu espero a minha vez de falar.
- [ ] Eu pratico a escuta empática e me esforço para entender o que as pessoas tentam me dizer.
- [ ] Eu apoio e encorajo as pessoas quando elas falam.
- [ ] Eu não me comparo com meu interlocutor quando ele está falando.
- [ ] Eu não tento "ler os pensamentos" da pessoa que está falando comigo.
- [ ] Eu dou um feedback construtivo quando falam comigo.
- [ ] Eu fico sinceramente interessado no que os outros falam.

2. Às vezes é difícil praticar a escuta ativa quando sentimos que precisamos ser valorizados, ouvidos ou reconhecidos pelo nosso bom trabalho. É uma questão de autoestima. Cite três coisas que você pode fazer por si mesmo para reforçar o sentimento de que foi devidamente ouvido e respeitado, a fim de se fazer mais presente durante as conversas.

3. Pelo menos uma vez por dia, comprometa-se a ser o ouvinte em uma conversa. Deixe seus assuntos de lado e simplesmente se faça presente para o outro. Depois, anote suas percepções sobre o exercício.

ANOTAÇÕES

13

Ambição assertiva

Recompensar, reconhecer, elogiar. Não importa como você faz; o importante é fazer sempre. O dinheiro não é a única recompensa eficaz – aliás, não é sequer a mais eficaz. Recompense a excelência. Encoraje a participação dos funcionários. Faça isso de formas que agrade as pessoas.

– Dale Carnegie

Neste e no próximo capítulo nosso assunto será a quarta habilidade interpessoal essencial: a ambição assertiva. Num primeiro momento, talvez você pense que o título deste capítulo é redundante; afinal, a ambição não é assertiva por natureza? É possível ser ambicioso sem ser assertivo?

Na verdade, a assertividade como a definimos não é inerente à ambição. Lembre-se: existe uma diferença entre ser assertivo e ser agressivo. Uma pessoa ambiciosa pode ser extremamente firme e determinada sem ser assertiva no sentido literal da palavra. Ser agressivo geralmente significa fazer algo mesmo que prejudique outra pessoa. A assertividade, por outro lado, é um conceito muito mais íntimo. É fazer o que você deseja e obter o que merece, e isso inclui outras pessoas fazendo o mesmo.

Tendo isso em mente, vamos fazer uma distinção entre o que podemos chamar de ambição intrínseca e ambição extrínseca. A ambição extrínseca é direcionada a um alvo externo ao indivíduo – uma compensação ou uma recompensa externa, que geralmente é de natureza física ou material. Por exemplo, a ambição de um novo funcionário numa empresa pode ser obter um cargo específico ou ganhar uma certa quantidade de dinheiro num certo número de anos. Mas para alguém com ambição intrínseca, a recompensa é mais emocional ou até espiritual. É a sensação de realização pessoal ou satisfação interna que não se pode tocar, é impalpável. Em última análise, é algo mais significativo do que ter um carro da empresa, uma grande sala ou um cartão corporativo.

Neste capítulo, veremos como desenvolver a motivação intrínseca e assertiva. No Capítulo 14, veremos como compartilhar esses princípios com seus subordinados. Mas, independentemente de falarmos sobre a ambição pessoal ou a ambição coletiva para sua organização, existem certas ideias básicas que precisam ser absorvidas, e algumas delas podem surpreendê-lo.

Vamos começar analisando descobertas muito interessantes sobre motivação e desempenho. Embora elas tenham acontecido em estudos controlados (algumas delas em laboratórios), você perceberá rapidamente como as informações se aplicam ao mundo real.

RECOMPENSAS EXTERNAS

Provavelmente você sabe que animais se mostraram capazes de aprender tarefas complexas quando recompensados com comida em experimentos de laboratório. O mesmo acontece quando estudantes recebem a promessa de nota 10 por um bom trabalho e vendedores ganham comissões maiores ao fechar mais negócios. Assim, é natural concluir que recompensas externas promovem um desempenho superior. Parece uma simples lei da natureza humana.

Esse é o problema. É simples demais. E também está errado.

Cada vez mais pesquisas sugerem que os benefícios das "recompensas" tradicionais não são tão grandes quanto parecem. Por incrível que pareça, psicólogos sociais têm descoberto que as recompensas externas podem, na verdade, piorar a performance de quem as recebe. Isso fica mais evidente em períodos mais longos, sobretudo quando o trabalho envolve pensamento criativo ou a geração de ideias. Estudos também mostram que o interesse intrínseco num projeto (o sentimento de que a realização da tarefa vale a pena por si só) geralmente cai quando há uma recompensa externa pela sua execução. Se uma recompensa externa, como o dinheiro, um elogio ou uma promoção no trabalho, é o motivo pelo qual você quer realizar a atividade, a atividade parece ter menos valor intrínseco.

As implicações dessa pesquisa são surpreendentes. Sugerem que as premissas básicas de desempenho e recompensa no ambiente corporativo podem, na verdade, desencorajar a melhoria e a excelência. A ideia de que recompensas podem ter efeitos negativos se baseia em diversos estudos, que chegaram a conclusões como as listadas a seguir:

- Crianças recompensadas por desenhar têm menos probabilidade de desenhar por conta própria do que crianças que desenham só para se divertir.
- Adolescentes que recebem prêmios para participar de jogos que envolvem palavras se divertem menos e não se saem tão bem quanto os que jogam sem recompensas.
- Funcionários que recebem elogios por alcançar as expectativas do chefe têm uma queda de motivação.

Quando um estudo pediu a um grupo de universitários que criasse roteiros para filmes, os que tinham sido contratados apresentaram mais dificuldade. Numa pesquisa semelhante, um grupo de estudantes de escrita criativa recebeu a tarefa de compor poesia. Alguns receberam uma lista de razões externas para isso, tais como impressionar os professores e receber dinheiro ou recomendações para pós-graduação. Outros receberam uma lista de motivos intrínsecos: o prazer de brincar com as palavras, a satisfação provocada pela autoexpressão, etc. No fim da pesquisa, os resultados foram claros. Os estudantes que tinham recebido a lista de razões externas não só se mostraram menos criativos que os outros (segundo a análise de doze poetas independentes) como também produziram menos. Ao que parece, as recompensas externas têm efeito negativo especialmente em tarefas que exigem criatividade, incluindo-se aí a resolução de problemas complexos. Os resultados mostram que quanto mais complexa a atividade, mais ela é prejudicada por recompensas externas.

Essas pesquisas questionam a crença comum em que o dinheiro é uma forma eficaz e até necessária de motivar as pessoas. Também desafiam o pressuposto de que é mais fácil alcançar um objetivo se há uma recompensa por ele. Qual é a lógica por trás desses achados, e o que eles nos ensinam sobre como motivar a ambição?

POR QUE AS RECOMPENSAS EXTRÍNSECAS NÃO FUNCIONAM?

Primeiro, porque incentivam as pessoas a se concentrarem só na tarefa, a concluí-la o mais rápido possível e a correr poucos riscos. Se você pensa que precisa concluir a tarefa só para receber o prêmio, acaba apresentando menos criatividade, entusiasmo e motivação.

Segundo, porque as pessoas passam a pensar que estão sendo controladas pela recompensa. Elas se sentem menos no comando, e isso pode interferir no desempenho delas. E se a automotivação cai, a ambição cai junto.

E, por último, porque as recompensas externas podem corroer o interesse intrínseco. As pessoas que trabalham por dinheiro, para obter aprovação ou sucesso competitivo sentem menos prazer em suas tarefas, portanto não as realizam tão bem. O dinheiro acaba "subornando" a motivação intrínseca a longo prazo. Estudos também mostram que tentar vencer outras pessoas tem o mesmo feito. Numa pesquisa, pessoas que competiam para montar um quebra-cabeça rapidamente tinham menos chance de continuar tentando montá-lo após o fim do experimento, em comparação com pessoas que não estavam competindo.

No entanto, existe o consenso geral de que nem todas as recompensas surtem o mesmo efeito. Oferecer um valor fixo para participar de um experimento (similar a um salário por mês no ambiente de trabalho) não tende a reduzir a motivação intrínseca. Os problemas surgem quando as recompensas são uma remuneração para executar determinada tarefa ou se sair bem nela. Portanto, é importante compreender como a recompensa é vivenciada. Se você sente que está trabalhando só para obter algo, talvez acabe pensando que o trabalho por si só não vale a pena.

Existe uma distinção sutil, porém importante, a ser feita aqui: de um lado, você pode dizer a uma pessoa (ou a si mesmo) que ela será recompensada se alcançar determinado desempenho. Como vimos, geralmente essa é uma tática ineficaz a longo prazo. E se olharmos para o que os outros já estão fazendo e premiarmos os comportamentos positivos que vão ajudar a alcançar os objetivos? Exemplo: dizer a um membro da equipe que ele vai receber um bônus caso faça um bom relatório é ineficaz. É muito melhor oferecer a ele as ferramentas e técnicas para fazer um bom relatório e depois dar o bônus caso ele se saia bem na tarefa.

Qualquer tarefa, por mais prazerosa que pareça, é desvalorizada caso seja apresentada como um meio em vez de ser um fim em si mesma. Por exemplo, numa pesquisa, um grupo de voluntários foi impedido de participar de uma atividade de que gostavam a menos que participassem de outra de que também gostavam. Embora de início gostassem igualmente das duas atividades, em pouco tempo os participantes passaram a desgostar da tarefa que era obrigatória para poder realizar a outra.

Existe uma historinha que ilustra bem esse princípio. As crianças da vizinhança viviam importunando um idoso até que ele pensou num esquema para dar fim nisso: ofereceu dinheiro às crianças para que aparecessem na frente da casa na terça-feira e o insultassem novamente. As crianças ficaram surpresas, mas aceitaram e receberam o dinheiro. Enquanto pagava as crianças, o homem disse que pagaria novamente para as crianças irem insultá-lo na quarta-feira, mas dessa vez o valor seria a metade do de terça. As crianças ficaram um pouco decepcionadas, mas mesmo assim aceitaram o novo valor. Na quarta elas foram lá e o insultaram novamente. Enquanto pagava as crianças, porém, o idoso informou que na quinta-feira o pagamento seria um terço do valor de quarta, que já era menor que o de terça. As crianças ficaram furiosas: "Esquece!", disseram, e nunca mais foram lá implicar com ele.

O ELOGIO COMO UM MEIO DE CONTROLE

O princípio em ação aqui não se limita a dinheiro ou outras formas de recompensa física. Quando elogios ou feedbacks verbais positivos passam a ser vistos como uma forma de controle, o efeito na motivação pode ser parecido com o de uma remuneração financeira. Um estudo sobre funcionários de empresas concluiu que aqueles que ouviam no feedback algo parecido com "Bom trabalho, você está fazendo exatamente o que deveria fazer" não se mostraram mais motivados do que aqueles que receberam apenas feedback quantitativo, baseado em métricas e resultados mensuráveis.

Há uma diferença entre dizer "Estou lhe dando esta recompensa porque eu, pessoalmente, reconheço e aprecio o seu trabalho" e dizer "Você recebeu esta recompensa porque alcançou certos critérios". No primeiro caso, trata-se de uma interação humana e pessoal. É um exemplo de habilidade interpessoal assertiva. Estimula a ambição assertiva tanto na pessoa que ouve quanto na que fala.

O impacto negativo na motivação por meio das recompensas pode ser minimizado diminuindo-se a importância dessas recompensas e evitando usá-las como meio de controle. Não é possível forçar alguém a ter ambição ou motivação, mas é possível criar um ambiente no qual essas qualidades possam criar raízes e florescer.

UMA DEFINIÇÃO DE AMBIÇÃO

Em termos simples, pode-se definir ambição como a vontade de alcançar algo desejado ou planejado. Em termos mais poéticos, é ter um sonho e experimentar a sensação de sucesso quando o sonho é alcançado. A ambição é recompensada quando os sonhos se tornam realidade.

A composição exata desses sonhos varia de pessoa para pessoa. Sonhos são uma experiência subjetiva, e, portanto, a ambição que leva as pessoas a seguir em frente também é. Cada membro de uma família, cada funcionário de uma empresa, cada ser humano tem sonhos únicos. Da mesma forma, os sentimentos que trabalham contra essa ambição são subjetivos e individuais. Mas aqui, para os nossos propósitos, vamos identificar todos esses sentimentos numa só palavra. Em seguida, veremos com atenção o que essa palavra representa e como minimizar seus efeitos. No papel de líder de uma equipe formada por indivíduos diversos, é fundamental que você compreenda os múltiplos significados dessa palavra, identifique como esses significados se expressam em seus subordinados e trabalhe constantemente para eliminar esses sentimentos.

Qual é a palavra que representa o exato oposto de ambição assertiva? A palavra que sempre puxa o cabo de energia da nossa motivação e das conquistas no ambiente de trabalho? Essa palavra é *medo*.

COMO LIDAR COM O MEDO

A ambição é uma experiência subjetiva, e o medo que trabalha contra a ambição também é. No entanto, existem certos pontos fundamentais que devem ser enfatizados em relação ao medo; são percepções sobre como ele nasce, como funciona e como pode ser eliminado. De modo geral, existem quatro fatores que dão origem ao medo. Vejamos cada um deles.

Como líder, provavelmente você já notou que existem basicamente dois tipos de subordinados. O primeiro deles é o generalista, que é capaz de fazer muitas coisas bem e tem potencial para subir na empresa em várias direções. Exemplo: um funcionário é bom em vendas, mas ao mesmo tempo é competente em recursos humanos e no atendimento ao consumidor. Embora sejam campos relacionados, em diversos aspectos eles são diferentes entre si. O segundo tipo de funcionário é o que chamamos de especialista, o oposto do generalista. São aquelas pessoas excelentes na contabilidade, por exemplo, mas que não se sentem muito bem em nenhuma outra tarefa. Esses indivíduos gostam da sensação de maestria e controle que têm ao trabalhar naquilo em que são especialistas. Podem ser muito ambiciosos, mas essa ambição segue um caminho específico na organização. Um contador excepcional pode se tornar um diretor financeiro excepcional, mas a empresa não teria nada a ganhar colocando-o no departamento de recursos humanos.

Resumindo, as pessoas se enquadram em duas categorias: as que são excelentes em uma coisa e as que são boas em muitas coisas, embora talvez não sejam excepcionais em nenhuma delas. Um bom líder deve relutar em acreditar que certos indivíduos simplesmente não são bons em nada. Todos têm um ponto forte. Infelizmente, porém, nem todos percebem qual é esse ponto forte, nem neles mesmos nem naqueles ao redor. A longo prazo, poucas pessoas tiram proveito máximo dos seus verdadeiros pontos fortes.

O motivo disso pode ser a falta de autoconhecimento ou a falta de consciência de seus pontos fortes. Essa é uma forma de medo, porque em geral se baseia na tentativa de viver de acordo com aquilo que você acha que deveria ser em vez de ser quem você é. Em termos de ambição, é ter uma aspiração errada no nível mais básico – o da própria identidade.

O especialista de sucesso

Entre os especialistas, os de maior sucesso são os que identificam essa qualidade logo cedo. Eles descobrem em que são bons e o que gostam de fazer e focam a carreira nessa direção. A ambição dessas pessoas segue um rumo congruente com a natureza delas. Elas fazem a faculdade certa. São contratadas por empresas que precisam de suas habilidades e buscam mentores que podem ajudá-las a desenvolver suas qualidades inerentes. A chave para o sucesso delas é o fato de focarem a ambição na melhor direção possível. Para um especialista, o perigo disso é o medo de admitir qual é realmente essa direção. Se você é um especialista, sua ambição deve ser canalizada dentro de um parâmetro que você não irá se propor a violar.

O generalista vencedor

Por outro lado, certas pessoas são boas em muitas coisas, mas transformam esse ponto forte em vulnerabilidade. É bom ser generalista, mas não é bom querer fazer de tudo um pouco. Muitos generalistas alocam seus recursos em diversas áreas e, com isso, não exercem impacto em nenhuma delas. Se você tem vários talentos, não tenha medo de focar sua ambição. Quando estiver trabalhando numa área em particular, não se permita ser distraído ou atraído por outra coisa. Concentre-se em uma área de cada vez. O ideal é que seja numa área em que sua habilidade lhe permita decolar, que possa ajudá-lo a alcançar seus objetivos futuros e que deixe clara qual é a sua ambição num contexto mais amplo na empresa. Assim você alcançará o sucesso não só na empresa como também aos olhos do juiz mais importante de todos – você mesmo.

Resumindo, a primeira categoria de medo que impede a ambição é o medo de reconhecer quem você realmente é, quais talentos tem e como aproveitá-los ao máximo.

Medo disfarçado de impaciência

O segundo tipo de medo se manifesta como impaciência. É ter medo de esperar o tempo necessário para desenvolver suas habilidades e por isso desistir muito rápido ou perder o controle da situação. Acontece com muita frequência no ambiente corporativo, e é especialmente comum entre jovens muito ambiciosos, que querem progredir na carreira o mais rápido possível. Quando veem uma abertura, vão instintivamente atrás dela, mesmo que o coração diga que não estão prontos.

Um estudo muito interessante nessa área se concentrou no treinamento de paraquedistas do Exército. Em cada grupo de jovens recrutas sempre havia alguns que travavam na porta da aeronave na hora de dar o primeiro salto. Em geral, eram soldados que não tinham dado qualquer indicativo de problema durante os treinamentos. Pelo contrário: em geral eram os que tinham se saído muito bem e tinham grandes ambições nessa área do serviço militar. O que se constatou foi que esse era exatamente o problema. Os recrutas que travavam na hora do salto nunca tinham encarado a possibilidade de que aquilo acontecesse. Por fora eram tão confiantes que não podiam sequer reconhecer a vulnerabilidade que existia por dentro. Eles progrediram rápido demais, ignorando o que realmente se passava em seus corações e suas mentes. Ao não reconhecerem a presença do medo, criaram para si uma experiência de medo paralisante no momento crítico.

O segundo tipo de medo, portanto, é o de reconhecer onde você precisa melhorar. Esse tipo de medo se esconde por trás da ambição. Ele diz: "Não perca mais tempo se preparando. Você precisa seguir em frente quanto antes." O problema é que se você tentar seguir em frente rápido demais, vai acabar ficando para trás.

Discutimos aqui um tipo específico de pressão, a pressão que vem da impaciência, e o medo que nos impede de desenvolver o verdadeiro autoconhecimento. No entanto, a pressão também pode se expressar como outros tipos de medo. Imagine, por exemplo, que você é um gestor extremamente ambicioso e eficaz. Você está progredindo na empresa. Vai subindo de nível em nível, e as responsabilidades só crescem. A cada degrau a pressão aumenta, mas você diz a si mesmo que aguenta – até que um dia a pressão é forte demais.

Medo sob pressão

O que aconteceu? Talvez no subconsciente o medo de assumir mais responsabilidades sempre tenha existido. A pressão crescente o assustava, mas você não queria lidar com isso; queria que a ambição pura e simples se tornasse sua maior qualidade. Líderes dotados de ambição assertiva são capazes de analisar a si mesmos e suas carreiras com grande precisão. Com base nessa avaliação, às vezes eles aceitam mais pressão, outras vezes não aceitam. Algumas pessoas que arriscam tudo acham que não existe meio-termo: ou são líderes ou são lideradas. Acham que um líder nunca recua. Se você é assim, está dizendo a si mesmo que não tem medo de certa coisa, mas na verdade tem medo de outra. E o pior é que você está ignorando o que realmente o assusta.

Assim, o terceiro tipo de medo tem a ver com pressão – não só o excesso de pressão, mas o medo de admitir que existe um limite para ela.

Medo de enxergar seus limites

Não ignore o fato de você poder ser um líder com ambição assertiva e extremamente bem-sucedido mas ao mesmo tempo não querer ser o presidente de uma das maiores empresas do mundo. Você pode querer liderar sem querer comandar toda a empresa. Pode ser extremamente influente mesmo que haja uma ou duas pessoas ainda mais influentes. Não há nada de errado nisso. Ambição assertiva significa querer alcançar o que *você* considera sucesso. Não tenha medo de admitir que você tem limites e que até *quer ter* limites. Ter limites não significa que você não tenha ambições – significa apenas que você é ambicioso em seus próprios parâmetros.

Vamos usar um exemplo do mundo dos esportes para ilustrar esse conceito. No começo dos anos 1970, Pete Maravich era o maior jogador de basquete universitário dos Estados Unidos. Filho de um técnico de basquete, desde criança foi ensinado a ser profissional. Ia para todo lugar treinando dribles com uma bola de basquete. Treinava andando de bicicleta, almoçando e até deitado na cama. Na época em que chegou ao basquete universitário, marcava pelo menos 40 pontos por jogo, e às vezes fazia até 50 ou 60. Isso era apenas um preâmbulo daquilo para o qual ele estava se preparando – a liga profissional de basquete. Quando chegou à NBA, ele se propôs a não deixar seu rendimento cair. Criou uma mentalidade interna na qual tinha que marcar 40 ou 45 pontos toda noite, e também criou essa expectativa na sua torcida. Agora Maravich estava encarando os melhores jogadores do mundo, mas isso não significava que ele podia ser menos produtivo do que era quando jogava no ensino médio ou na faculdade. Pete se colocou numa posição muito difícil. Se não marcasse o dobro dos pontos marcados por qualquer outro atleta na partida, ele se considerava um fracasso, e todo mundo achava a mesma coisa.

Esse é um exemplo do quarto tipo de medo relacionado à ambição. É o medo de enxergar seus limites ou de admitir que você *tem* limites. Mas é fato que todos nós temos limites. Não é desonra alguma ver que os seus limites são diferentes dos das outras pessoas, sobretudo quando a única coisa que o atrapalha é o medo de enxergar a realidade. Isso não significa que você é menos ambicioso, apenas que é capaz de avaliar seus limites com assertividade.

RESPEITAR OS OUTROS E A SI MESMO

Num ambiente corporativo, respeito é um conceito muito importante, e é um erro medi-lo de acordo com o respeito que *os outros* têm por você. Em vez disso, concentre-se no respeito que *você* sente pelos seus colegas e por si mesmo. Você perceberá que o respeito que demonstra pelos outros voltará para você. Isso vale especialmente no mundo corporativo, onde às vezes parece que o objetivo das pessoas é passar por cima dos outros. Em termos de ambição e habilidades interpessoais, essa abordagem agressiva é equivocada. Se o seu objetivo é chegar ao topo, é mais fácil alcançá-lo com o apoio dos outros, não pisando na cabeça das pessoas.

Esse é um ponto fundamental. Mesmo que você seja um gestor extremamente agressivo e chegue ao topo, seu trabalho será muito mais fácil caso você tenha colegas para apoiá-lo. O que todos vão pensar de você se seus subordinados e colegas o abandonarem?

Se você é realmente genial, talentoso e ambicioso, não tenha medo. Você será notado. Não precisa chamar atenção para si, sobretudo se, para isso, você precisar prejudicar alguém. Elogiar todos ao seu redor é uma excelente maneira de demonstrar ambição assertiva. O líder é mais eficaz quando empodera os outros a se saírem bem.

Não é uma questão de ser uma pessoa boa ou má, de ser oito ou oitenta, mas de ter ou não confiança, sobretudo confiança em si mesmo. Não é fácil entender esses conceitos, e ao mesmo tempo é normal confundir agressividade com ambição assertiva. Ganância e falta de sensitividade são forças psicológicas poderosas que se amplificam no mundo profissional. Ao evitar cair nessas tentações, você abre mão de certas vantagens a curto prazo, mas, a longo prazo, ganha a confiança das pessoas e alcança um objetivo maior.

No próximo capítulo vamos continuar a discussão sobre ambição assertiva com ênfase em como maximizá-la nos integrantes da sua equipe.

EM AÇÃO

1. Evidências surpreendentes revelaram que o encorajamento externo de pessoas de diversas idades não se mostrou uma estratégia eficaz. As pessoas são mais motivadas por fatores internos. Você é capaz de pensar num exemplo pessoal em que, em vez de aumentar, a promessa de uma recompensa diminuiu sua motivação? Que atividades você realiza pelo valor intrínseco que elas têm, sem pensar em qualquer recompensa?

2. Certas pesquisas apontam que quando você recebe recompensas financeiras ou de outros tipos pelo trabalho que realiza, pode acabar se sentindo desmotivado. Reflita sobre sua vida. Você já teve algum hobby ou era especialista em uma área, mas não quis transformar isso num negócio? Já transformou uma paixão num meio de ganhar a vida e a partir de então perdeu o prazer de realizar a atividade? Escreva sobre um caso desses vivido por você mesmo ou por alguém que conheça.

3. O elogio genuíno tem muito mais peso do que o elogio feito para manipular. Sempre que possível, quando for elogiar as pessoas, pare por um segundo e reflita. Pergunte a si mesmo quais são suas intenções. Se seus elogios forem sinceros e não tiverem o objetivo de manipular, vá em frente. Se, por outro lado, você perceber que está usando elogios para se beneficiar, pare na hora. Anote suas descobertas e reflexões.

ANOTAÇÕES

14

Como usar a ambição assertiva para maximizar seus resultados

Ao lidar com pessoas, lembre-se de que você não está lidando com criaturas lógicas, mas com criaturas emotivas, criaturas cheias de preconceitos, motivadas por orgulho e vaidade.

– DALE CARNEGIE

NESTE CAPÍTULO VAMOS CONTINUAR a discussão sobre ambição assertiva com ênfase em como você, no papel de líder, pode maximizar a energia positiva da ambição para todos na sua equipe.

LIDERE PELO EXEMPLO

Nos últimos vinte anos, houve um boom de livros e audiolivros sobre gestão eficaz. Dale Carnegie foi um dos pioneiros nesse processo. Hoje, os princípios da construção do sucesso de Dale Carnegie são mais relevantes do que nunca, e se existe uma ideia dele que continua em voga é a de "liderar pelo exemplo".

Entre milhares de ferramentas e técnicas de liderança, a noção de que você deve agir de acordo com o que fala ainda se sobressai. Não importa se você é técnico de uma equipe de basquete profissional, chefe de uma multinacional ou pai de família. Todo grande líder conhece esse segredo e o coloca em prática em todos os momentos de todos os dias.

Ao liderar pelo exemplo você não só instrui sua equipe como a inspira a alcançar resultados superiores e, com isso, a estimula a ter ambição assertiva. Se você mostrar na prática o que precisa acontecer, em vez de apenas explicar, você e sua equipe alcançarão o objetivo muito mais rápido. Isso é um problema para o líder que segue o lema "Façam o que eu digo, mas não façam o que eu faço". Não importa o que você quer que os outros façam. Se não estiver disposto a dar o exemplo primeiro, você será ineficaz. Em última análise, se você realmente quer melhorar o desempenho da sua equipe, a mensagem tem que vir de cima para baixo.

O LÍDER MODELO

Vamos ver um exemplo de como isso funciona. Quando foi nomeado chefe do departamento de marketing da empresa em que trabalhava, Mike sabia que esse era o trabalho ideal para ele. Os resultados do departamento vinham piorando lentamente, e essa queda estava minando a capacidade da empresa de melhorar e crescer. Mike tinha ambição assertiva para melhorar a situação e queria estimular essa mesma ambição na sua equipe.

Antes de assumir o novo papel, o dono da empresa lhe deu um breve panorama do problema. Basicamente, a equipe de vendas não estava alcançando expectativas razoáveis. Se essa situação não mudasse quanto antes, Mike teria que demitir os funcionários atuais e contratar uma nova equipe. A situação era grave. Mike compreendia que os resultados precisavam melhorar – não só pelo seu próprio bem, mas pelo bem de todos na sua equipe.

Com base no conhecimento que tinha do departamento de marketing antes de assumir, Mike sabia qual era a dificuldade. Resumidamente, o chefe anterior não estava proporcionando o tipo adequado de liderança. Não havia um problema com a equipe de modo geral – eles estavam apenas ecoando a mensagem que recebiam, uma mensagem que valorizava o que era dito, não o que era feito.

Trabalhando tão duro quanto gostaria de ver os outros trabalharem, Mike rapidamente melhorou o moral da equipe. Fez com que todos soubessem que jamais pediria a eles mais do que pedia de si mesmo. Mike chegava cedo, trabalhava com afinco e concentração e ficava até depois do horário. Deixou claro que tinha grandes ambições para o departamento e queria que todos também tivessem. Mike se fez de exemplo e convidou sua equipe a segui-lo.

Em questão de semanas o departamento de marketing parecia outro. Todos pareciam empolgados com o trabalho, comprometidos com os objetivos e ambiciosos com relação ao futuro. Os resultados melhoraram em pouco tempo, e eles estavam a caminho de bater recordes da empresa.

O que teria acontecido se todos os funcionários do departamento de marketing tivessem sido substituídos na tentativa de resolver o problema? Nada – a não ser que houvesse uma mudança no estilo de liderança do chefe do departamento. O que faltava ali não eram funcionários talentosos, mas o tipo certo de exemplo a ser seguido. Para haver essa mudança de maré, não foi preciso substituir os membros da equipe, apenas a liderança e as expectativas.

Esse é o princípio mais importante para estimular a ambição assertiva na sua equipe. Preste menos atenção no que você diz à sua equipe e mais no que faz. Se você quer ver determinado comportamento nas pessoas, certifique-se de que elas podem ver esse comportamento em você antes.

Agora, tendo esse princípio crucial em mente, vamos abordar técnicas poderosas que podem ser usadas para estimular a ambição assertiva na sua equipe, e com isso obter dela o desempenho máximo, tanto hoje quanto a longo prazo.

OS PRIMEIROS MINUTOS DO DIA SÃO CRUCIAIS

Tenha em mente que os primeiros minutos do dia de trabalho são sempre os mais importantes que você terá com sua equipe. Você pode estabelecer o tom pelo resto do dia, inspirando todos a alcançar resultados melhores, ou pode liderá-los sem ambição ou energia. A escolha é sua.

Sabendo como é importante começar o dia da melhor forma possível, a seguir listo quatro táticas específicas para fazer com que isso aconteça.

TÁTICA 1: Chegue cedo

Não há nada mais frustrante do que ver seu chefe chegando todo relaxado horas após o começo do dia de trabalho. É muito difícil respeitar líderes que não fazem o mesmo que exigem de seus funcionários, sobretudo quando se trata de algo simples, como chegar no horário. Portanto, chegue antes ou no mesmo horário que sua equipe. Isso demonstrará sua ambição por eles, por si mesmo e pela empresa.

TÁTICA 2: **Mantenha a energia**

Ânimos e comportamentos são contagiantes. No momento em que entra pela porta da empresa, você transmite todo tipo de mensagem. Essas mensagens são influenciadas pelo que você diz, pelas roupas que veste e até por sua postura corporal e sua forma de caminhar. Se você entra no escritório cabisbaixo, se arrastando, transmite a sensação de que o dia será longo e entediante. Mas se você caminha com energia e um sorriso no rosto, transmite o entusiasmo que dará partida a um dia de trabalho produtivo. Todo mundo tem um nível próprio de vibração, e você, como líder, influencia a vibração da sua equipe. Portanto, use esse poder para melhorar a qualidade de cada dia.

TÁTICA 3: **Cumprimente sua equipe com entusiasmo e bom humor**

Transformar isso em hábito e objetivo pessoal é uma excelente forma de demonstrar ambição assertiva como líder. Se existe uma diferença fundamental entre líderes que estimulam e líderes que reprimem a ambição, é a direção que eles seguem assim que chegam ao trabalho de manhã. Alguns preferem ir direto para a própria sala ou mesa, enquanto outros preferem um caminho mais interativo, falando com as pessoas, o que provoca um aumento no moral e na produtividade da equipe.

Portanto, comece o dia cumprimentando sua equipe. Assim, com suas ações, você mostra que os enxerga como ativos importantes da empresa. Se você simplesmente corre para sua sala e não cumprimenta as pessoas ao redor, está minando o sucesso daqueles que contam com a sua liderança.

TÁTICA 4: **Tenha um plano de ação claro**

Essa tática está mais diretamente ligada ao nosso tema, a ambição assertiva. Diz respeito ao nível de expectativa que você tem para os integrantes da sua equipe. É simples comunicar essas expectativas. Basta ter um plano de ação claro para o que precisa ser feito todos os dias. Compartilhe esse plano com a sua equipe todas as manhãs.

As pessoas precisam de direcionamento. Precisam saber para onde estão indo e por que estão indo. Portanto, ao cumprimentar seus subordinados, diga o que espera deles até o fim do dia e o que eles têm a ganhar. Ao expressar expectativas e ambições de forma clara no começo do dia de trabalho, você faz com que o resto do dia siga na direção correta. Para isso, é fundamental fazer com que sua presença seja sentida de maneira proativa e positiva. Evite se posicionar como um chefe no sentido antiquado da palavra, ou como alguém que só está na empresa para delegar tarefas. Demonstre confiança e assertividade em vez de agressividade ou passividade. E o mais importante de tudo: procure se fazer presente.

PREGUIÇA

No contexto da discussão sobre ambição assertiva, seria um erro não dar uma olhada rápida no oposto da ambição – a preguiça. Ignorar a presença dos preguiçosos no ambiente de trabalho é não reconhecer o problema. Existem preguiçosos por todos os lados. Eles trabalham duas, três vezes mais devagar do que deveriam, e há os que nem sequer trabalham. Trazer esse assunto à tona não é ser negativo. É apenas ser honesto e reconhecer o problema para lidar com ele de forma efetiva.

Ao longo do século XXI os preguiçosos descobriram vários truques para parecer que estão trabalhando de verdade. Um dos truques mais comuns é o do mamute. Na Era do Gelo, os seres humanos eram caçadores e adoravam encontrar um animal enorme e cheio de carne para alimentar a tribo inteira por um ano. Esse animal era o mamute. Ele existe no ambiente de trabalho moderno. São raros, mas se o preguiçoso encontra um deles, está feito. Quando faz algo certo, o preguiçoso surfa na onda desse sucesso até não poder mais. Se eles conseguem conquistar algo bom, encaram isso como se significasse que podem passar meses sem fazer nada.

O problema é que o próprio preguiçoso é o que mais perde. Ele pode até encontrar um nicho seguro na empresa, mas não vai sair dali, não vai subir. No fim, não existe nada mais difícil, exaustivo e deprimente do que sentir tédio o tempo inteiro.

Um exemplo incrível desse princípio ocorreu na Guerra da Coreia, no começo da década de 1950. Quando o Exército da Coreia do Norte capturava soldados americanos, oferecia a eles uma escolha: se eles assinassem um documento acusando os Estados Unidos de crimes de guerra e defendessem a causa inimiga, o cativeiro se transformaria numa vida de luxo. Eles poderiam ir aonde quisessem, não correriam qualquer perigo e não teriam nenhum pedido negado. Por outro lado, os soldados que se recusassem a assinar o papel viveriam nas piores condições possíveis. Teriam que conviver com um temor constante pela própria vida e receberiam uma quantidade mínima de comida e água. Apesar dessas ameaças, pouquíssimos soldados americanos concordaram em cooperar com os norte-coreanos. Mas alguns concordaram, e os resultados dessa escolha foram surpreendentes. Embora tivessem uma condição de vida muito melhor que os que não aceitavam, os vira-casacas apresentavam uma queda brusca em seus níveis de saúde. Alguns cometeram suicídio, e muitos sofreram o que hoje seria chamado de depressão clínica. Por outro lado, os que não optaram pela saída fácil pareciam, de alguma forma, encontrar forças nas dificuldades que encaravam, e o percentual de sobrevivência nesse grupo foi bem maior do que no outro.

Isso revela um ponto fundamental. O sucesso não é uma questão de se sentir confortável. Pelo contrário: o verdadeiro sucesso parece exigir um certo nível de desconforto. Precisamos almejar algo. Queremos encarar uma dificuldade. Desejamos encontrar algo para o qual direcionar nossa ambição. Na ausência desses fatores, podemos até achar que estamos satisfeitos, mas na prática podemos ser tomados pela complacência e pela decepção.

Portanto, quando enxergar preguiça em algum membro da sua equipe, não hesite: confronte-o e aponte os perigos desse comportamento. Essa postura é melhor para a empresa e para o próprio preguiçoso. De início talvez ele fique magoado ou irritado, mas no fim vai lhe agradecer.

O FRACASSO COMO UM SINAL POSITIVO

Mesmo que você consiga imbuir sua equipe de ambição assertiva, haverá ocasiões em que as coisas não vão acontecer exatamente como todos esperavam. Você deve não só esperar que isso aconteça, mas também torcer por isso. Por quê? Porque se não há um pouco do que chamamos de fracasso na sua equipe, é sinal de que os objetivos estabelecidos não foram grandes o suficiente. Em outras palavras, faltou ambição assertiva.

Vamos olhar com mais cuidado para o que isso significa exatamente. Você não deve buscar o fracasso, mas ocorre que situações em que chegamos perto de alcançar um grande sucesso nos despertam para o fato de milhões de grandes ideias serem desperdiçadas todos os anos. No papel de líder, é seu interesse garantir que sua equipe desperdice o mínimo de ideias assim. Para dar um passo nessa direção, atente para os processos de pensamento dos funcionários das grandes empresas atualmente. Reconheça que a mente dos membros de sua equipe é um campo de batalha, um território no qual energias positivas e negativas travam uma guerra contínua. Seu trabalho é garantir que o lado positivo vença.

Essa energia positiva não é nada mais, nada menos que a ambição natural de alcançar o sucesso, inerente a todo ser humano. Cada novo dia nos proporciona novas oportunidades de crescimento, de aprendizado, de progresso. O sucesso tem um significado diferente para cada pessoa, mas a ideia subjacente de realizar os sonhos e alcançar os objetivos empolga e inspira todos nós.

A motivação para o sucesso e a realização é uma força poderosa, mas às vezes uma força negativa pode bloqueá-la, e se não for combatida, pode vencer a guerra num piscar de olhos. O que torna essa força negativa especialmente perigosa é o fato de você não saber exatamente o que ela é. Ela é arisca por natureza.

MEDO DO FRACASSO

Essa força negativa que aparece na sua equipe pode ser simplesmente o medo do fracasso. O problema não é o que eles fazem, mas o que têm medo de fazer. No nível individual, esse medo bloqueia a ambição de expor suas ideias para o mundo de forma assertiva. No nível coletivo, destrói uma fonte de inovação que poderia melhorar o desempenho da empresa. Força as pessoas a ficarem imóveis, caladas, e com isso grandes ideias em potencial acabam sendo desperdiçadas.

Permitir que a força negativa do medo tome conta de um membro da sua equipe impede tanto esse indivíduo quanto a empresa de ter acesso a algo muito valioso. Essa perda não está relacionada apenas ao resultado que uma nova iniciativa poderia trazer, mas ao simples ato de se arriscar e alcançar o objetivo por si só. É claro que muitas vezes as pessoas vão se arriscar e isso não vai dar em nada – é o que acontece na maioria das vezes. Uma vez ou outra pode até acabar custando aos cofres da empresa. No entanto, a maneira mais garantida de fracassar a longo prazo é não correr certo risco de fracasso a curto prazo.

Assim, que força irá prevalecer na mente da sua equipe? A resposta depende de você. Depende da energia e da atmosfera que você cria na sua equipe e, sobretudo, dentro de si mesmo. A sabedoria convencional nos aconselha a evitar o fracasso a todo custo, mas líderes dotados de ambição assertiva esperam o fracasso e o acolhem.

Um pequeno exemplo pode esclarecer esse ponto. Imagine que sua equipe lide com cem clientes e todos estejam perfeitamente satisfeitos. O que poderia ser melhor? Você está arrebentando, não é? Bom, não exatamente. O que você está aprendendo? O que ganhou desses cem clientes que pode ajudá-lo a alcançar os milhares de clientes que você nunca chegou a ter? Muito provavelmente você não tem ideia do motivo da satisfação dos cem clientes. Você só sabe que eles fizeram negócio e seguiram em frente sem fazer qualquer reclamação. Isso é ótimo a curto prazo, mas que novas oportunidades esse resultado abre para você?

Agora suponha que sua equipe decida tentar algo novo. Pode ser um produto, um serviço ou uma forma inovadora de fazer com que seu produto ou serviço caiba no bolso dos clientes. Imagine que a equipe tenha tentado, mas não tenha dado certo. Os clientes estão insatisfeitos, reclamando, furiosos. Por um lado, é claro que isso representa um fracasso, mas, olhando de forma mais ampla, você está recebendo uma oportunidade de alcançar o sucesso. Os clientes furiosos estão lhe dizendo exatamente o que você pode fazer para melhorar. Você não precisa tentar adivinhar ou ficar fazendo suposições. Você está recebendo instruções específicas sobre como *não* fazer algo, o que é um grande passo para fazer da maneira correta. Essas pessoas irritadas estão apontando territórios amplos e inexplorados. Agora, você e sua equipe só precisam ter ambição para desbravá-los.

Quando der à sua equipe liberdade para tentar coisas novas, e até para aceitar um risco razoável de fracasso, você vai ficar impressionado com a quantidade de ideias que começarão a surgir. E algumas delas vão funcionar. Novamente, a maioria não vai dar certo, mas um único grande sucesso compensa vários erros. Ao fazer as contas, você verá que as chances estão a seu favor quando você apoia algumas tentativas improváveis. Algumas inovações de maior sucesso nasceram de funcionários que estavam em níveis mais baixos da hierarquia e foram ouvidos por seus superiores. Se você cria uma atmosfera que exige 100% de sucesso a todo momento, acaba matando a ambição que gera os grandes sucessos e realizações.

Voltando ao exemplo dos clientes furiosos, você não só tem mais ideias quando permite um fracasso a curto prazo como também ganha acesso a um mapa detalhado para o sucesso. Quando um membro da sua equipe fracassar, procure aprender tudo o que for possível com essa experiência. Essas informações são valiosas. Quando você sabe por que algo deu errado, está perto de descobrir o que dá certo e o que fazer para chegar lá.

COMO CRIAR A AMBIÇÃO ASSERTIVA NA SUA EQUIPE

Quando falamos sobre criar a ambição assertiva na sua equipe, precisamos fazer a distinção entre teoria e prática. É fácil entender por que é melhor ter uma equipe ambiciosa do que uma equipe complacente. Na prática, porém, o que você pode fazer para ter uma equipe ambiciosa? Para responder a essa pergunta, vamos analisar um processo de três passos que você pode pôr em ação a partir de hoje.

A CRIAÇÃO DE UMA CULTURA DE APRENDIZADO

O primeiro passo é criar uma cultura de aprendizado na sua equipe, criar um programa que os faça ter contato constante com as últimas tendências, pesquisas, técnicas e ferramentas do seu ramo de atuação. Você pode, por exemplo, pedir que a cada dia um membro da sua equipe compartilhe com todos alguma coisa que tenha aprendido. Pode ser algo retirado de um periódico, sites na internet ou até mesmo uma experiência pessoal que ele tenha tido na empresa, entrando em ação.

Isso satisfará uma necessidade muito forte e muito humana na sua equipe: a necessidade de aprender e crescer. Em última análise, a educação é um jogo de soma zero. Se você não está aprendendo coisas novas, então não está apenas parado; está ficando para trás, e rápido, porque novos conceitos e ideias vêm surgindo num ritmo alucinante. Você precisa saber das novidades e acompanhar o ritmo delas.

Existem inúmeras fontes que podem ajudá-lo nesse processo de educação contínua. Comprar livros e revistas é um dos passos mais fáceis que você pode dar. Você pode criar uma biblioteca no local de trabalho, ou pode simplesmente deixar esse material em algum lugar para que as pessoas olhem quando tiverem tempo. A educação não precisa acontecer num ambiente acadêmico formal, e livros não precisam ficar nas prateleiras para serem lidos. Aliás, nas prateleiras é que eles não devem ficar.

O próximo passo consome um pouco mais de tempo e é um pouco mais caro, mas vale muito a pena. Envie sua equipe a seminários e programas de treinamento. Eles vão voltar com um senso de profissionalismo mais aguçado e muitas informações novas. Você também deve comparecer a esses eventos sempre que possível. Ser um líder com ambição assertiva significa conhecer seu ramo de atividade. Você deve estar sempre a par do passado, do presente e do futuro da sua profissão. Sua equipe só terá esse nível de profissionalismo se você também tiver.

O terceiro passo tem a ver com o que fazer com as ideias e as informações aprendidas. Todo tempo ou dinheiro que você investe em educação é jogado fora se as lições aprendidas não forem utilizadas. Milhões são gastos todo ano em educação, treinamento e desenvolvimento de profissionais, mas essas ideias são esquecidas em pouco tempo. O investimento se torna um desperdício. Para evitar que isso aconteça, você precisa criar uma atmosfera na qual as novas ideias que seus funcionários aprendem sejam valorizadas e compartilhadas. Como sempre, é preciso ser assertivo. Reúna a equipe e pergunte o que aprenderam. Descubra como eles acham que essas informações podem melhorar a empresa. Peça que compartilhem com o resto da equipe as informações aprendidas. As ideias deles têm potencial para alcançar o sucesso, e é você quem vai trazê-las à tona.

Ainda que nem toda ideia dê certo, tentar coisas novas é o maior benefício da educação dos funcionários. Mas o processo não precisa acabar aí. Mesmo que a curto prazo sua empresa cresça por causa dessas informações novas, o maior benefício será a longo prazo. A vantagem de ter funcionários que fazem cursos e treinamentos e se desenvolvem profissionalmente é muito maior do que os custos que a empresa tem com isso.

Pense em como você se sentiria se fosse a um seminário sobre como diminuir a rotatividade de pessoal e depois de tudo ninguém da empresa perguntasse o que você aprendeu. Você ficou empolgado com a chance de crescer, aprendeu ideias úteis que funcionariam na empresa, mas tudo foi em vão.

A situação seria muito diferente se seu chefe estivesse ansioso pela sua volta, querendo ouvir suas ideias. Você se sentiria necessário, importante, ambicioso quanto ao futuro.

Ao imaginar como se sentiria nessa situação, você tem uma ideia de como os membros da sua equipe se sentem. Tentar executar novas ideias é uma forma de dar a todos a chance de levar a empresa a crescer. Se sua equipe já vem tendo oportunidades de aprender e crescer, então você está indo no caminho certo. Do contrário, algumas mudanças precisam ser feitas quanto antes.

CADA CASO É UM CASO

Antes de fecharmos a discussão sobre a ambição assertiva, existe mais um ponto que precisa ficar claro: uma coisa é dizer que todos precisam ser produtivos e ambiciosos e que você deve fazer de tudo para estimular a produtividade. Mas devemos lembrar que o significado de ambição assertiva pode ser totalmente diferente para cada pessoa.

Muitos gestores e líderes tentam motivar suas equipes usando a mesma abordagem com todos. A questão é que as pessoas que fazem parte da equipe são diferentes umas das outras. Cada uma precisa de uma determinada forma de motivação, e cabe a você descobrir como incentivá-las. O que as motiva? O que as desmotiva? Talvez você precise fazer um esforço e investir algum tempo nessa tarefa, mas descobrir os motivadores poderosos que estimulam sua equipe é a melhor coisa que você pode fazer por si mesmo e por ela. Use a ambição assertiva para fazer essa descoberta!

EM AÇÃO

1. Faça uma avaliação honesta da sua vida. Você sempre age de acordo com o que fala? Já houve situações em que seus atos não refletiam suas

palavras? Faça uma lista de áreas da sua vida em que suas palavras e ações não representavam seus valores. Em seguida, firme um compromisso consigo mesmo e com sua equipe para servir de modelo para as suas mensagens.

2. No exemplo de Mike, ele era o responsável pelo desempenho do departamento de marketing. Reflita sobre suas habilidades de liderança e elabore uma lista de pelo menos três coisas que você pode fazer para motivar e aumentar o moral, a produtividade e a iniciativa dos integrantes da sua equipe.

3. A seguir estão as quatro táticas de liderança. Ao longo da próxima semana, repasse essa lista e verifique se usou todas as táticas para estimular o entusiasmo e a produtividade de sua equipe.

☐☐☐☐☐ Tática 1: Chegue cedo

☐☐☐☐☐ Tática 2: Mantenha a energia

☐☐☐☐☐ Tática 3: Cumprimente sua equipe com entusiasmo e bom humor

☐☐☐☐☐ Tática 4: Tenha um plano de ação claro

ANOTAÇÕES

15

Resolução assertiva de conflitos

*Você pode fazer mais amigos em um mês
tentando se interessar por outras pessoas do
que em dois anos tentando fazer outras pessoas
se interessarem por você.*

– DALE CARNEGIE

ATÉ AQUI FALAMOS SOBRE AS HABILIDADES interpessoais e como elas podem ser utilizadas de forma assertiva. Restam apenas dois capítulos, e eles são igualmente práticos e importantes. No primeiro vamos tratar da quinta e última habilidade interpessoal essencial, a resolução assertiva de conflitos. O conflito é uma realidade no ambiente de trabalho, e é fundamental que os líderes aprendam as ferramentas para lidar de maneira eficaz com os problemas antes que eles ganhem força. Existem muitos motivos para isso. Nos últimos tempos, cada vez mais conflitos no ambiente de trabalho têm ido parar na esfera jurídica. O que antes eram apenas incidentes desagradáveis têm gerado processos judiciais onerosos, sobretudo quando o conflito é relacionado a racialidade, gênero, idade e muitas outras questões sensíveis. E o mais perturbador de tudo é que têm surgido várias notícias de conflitos violentos em ambiente de trabalho. Por todos esses fatores, as ferramentas de prevenção e resolução de conflitos se tornaram mais valiosas que nunca.

De início, vamos analisar o que exatamente está envolvido nessas situações e até que ponto elas são complicadas. Para isso, vamos tratar de um incidente ocorrido na vida de um homem que é mais conhecido por seus feitos do que pelas brigas em que se envolveu. Como veremos, foi no fim da carreira que ele conquistou a reputação que tem até hoje.

A VALIOSA LIÇÃO DE LINCOLN SOBRE RESOLUÇÃO DE CONFLITOS

Em 1842, Abraham Lincoln tinha 32 anos e estava no terceiro mandato como deputado no estado de Illinois. Lincoln já havia conquistado a reputação de advogado esforçado, atleta e grande contador de piadas. Também tinha o hábito de escrever editoriais e cartas ao editor do jornal local, que muitas vezes continham piadas autodepreciativas. Mas nem sempre. Às vezes, Mary Todd, sua futura mulher, o ajudava a escrever, e essas colaborações costumavam ter um tom um pouco mais agressivo. Em geral, Lincoln e Mary assinavam essas cartas com o pseudônimo Rebecca.

No primeiro semestre de 1842, Lincoln escreveu para o jornal uma carta atacando outro deputado, James Shields, que não era um sujeito muito popular, conhecido por ser um fanfarrão e um falastrão. Na carta, Lincoln usou um tom satírico para atacar os pontos de vista políticos de Shields, além de chamá-lo de mentiroso e covarde. Estranhamente, depois da primeira carta, três outras foram publicadas logo em seguida, todas com ataques a Shields. Shields ficou indignado. Exigiu saber quem tinha escrito as cartas. Lincoln também ficou intrigado, mas logo descobriu que Mary Todd e uma amiga dela eram as culpadas.

Para proteger a identidade das mulheres, Lincoln assumiu a responsabilidade pelas cartas, mas Shields não ficou satisfeito e decidiu desafiá-lo para um duelo. A Lincoln só restou aceitar, mas esse acontecimento marcou uma verdadeira virada no que hoje chamaríamos de habilidades interpessoais.

Lincoln se deu conta de que vinha cometendo um tremendo erro com suas cartas provocativas. Embora Shields de fato fosse um sujeito desagradável, Lincoln percebeu que *ele* havia provocado o conflito, e agora teria que duelar por causa disso. Segundo as regras do duelo, Lincoln escolheria as armas. Como Shields tinha 1,75m e Lincoln tinha 1,95m, Lincoln tentou tirar proveito da altura e escolheu espadas de cavalaria extremamente longas. No entanto, antes de o duelo acontecer, Lincoln escreveu outra carta, esta diretamente para Shields. Nela, ofereceu-se para fazer um pedido público de desculpas. Para um homem que já era uma figura pública com grandes ambições políticas, esse era um passo ousado. Lincoln sabia que tinha causado o conflito e sabia que era responsabilidade sua resolvê-lo, mesmo que isso significasse a perda de sua reputação. Mas Shields não aceitou a oferta de Lincoln, e o duelo permaneceu de pé.

Felizmente, logo no início do duelo Shields percebeu que o longo alcance do braço de Lincoln tornaria a luta desigual, e Lincoln deixou isso claro ao passar a espada por cima da cabeça de Shields e cortar um galho de árvore. Nesse momento, amigos de ambas as partes intervieram, e o duelo chegou ao fim. E com isso também chegou ao fim o conflito entre os dois. Eles apertaram as mãos e voltaram para suas casas. Apesar disso, Lincoln aprendeu uma lição valiosa e nunca mais escreveu cartas anônimas. Nunca mais fez piadas sobre outra pessoa em público. Anos depois, ele reconheceu que o incidente com Shields era uma das lembranças mais dolorosas de sua vida. Sem dúvida, também foi uma de suas lembranças mais importantes. Com as lições que aprendeu desse incidente, tempos depois ele foi capaz de ter compaixão e respeito pelos estados do Sul após a derrota na Guerra de Secessão. O duelo foi um acontecimento tão importante em sua vida que provavelmente teve influência em sua decisão de não seguir a recomendação de pessoas próximas de punir duramente os estados do Sul. Também vale ressaltar que durante a guerra Lincoln convidou seu antigo inimigo Shields para servir como general no Exército da União.

Ao falarmos sobre conflitos no ambiente de trabalho e sobre como usar a assertividade para resolvê-los, faremos uma distinção entre dois tipos de situações. O primeiro tipo é aquela situação em que você está diretamente envolvido como uma das partes do conflito, e o segundo são os conflitos em que você é o mediador.

PARTICIPANTE DO CONFLITO

Quando você é um dos participantes de um conflito, existem certos passos assertivos que você pode e deve dar assim que possível. Enquanto analisamos um a um, perceba que nenhum deles está relacionado diretamente ao motivo específico do conflito. Nenhum deles busca determinar quem está certo ou errado, quem é bom ou mau. No pior cenário possível, advogados e mediadores profissionais podem decidir essas questões. Neste livro, porém, vamos simplesmente presumir que um conflito raivoso no ambiente de trabalho é algo inerentemente negativo e improdutivo. Nosso objetivo será usar a assertividade para acabar com o conflito da maneira mais justa e rápida possível.

Em qualquer situação de conflito, um bom ponto de partida é identificar as variáveis – os pontos em que há possibilidade real de mudança ou ajuste. Quando você está dentro do conflito, às vezes enxerga muitas dessas áreas, mas às vezes não consegue enxergá-las. Alguns elementos do conflito sempre podem ser mudados: seus pensamentos, seus sentimentos e suas reações. Mesmo quando o outro lado não demonstra a menor vontade de mudar, você pode exercer uma influência positiva. Está nas suas mãos. Sim, seu ego pode atrapalhar, mas ser flexível até certo ponto não significa deixar as pessoas pisarem na sua cabeça. Essa é mais uma situação em que você pode escolher a assertividade em vez da agressividade ou da passividade. Vejamos alguns elementos específicos na realização dessa escolha.

FAÇA UMA AVALIAÇÃO HONESTA

Primeiro, faça uma avaliação honesta do equilíbrio de poderes na situação. Uma das coisas mais difíceis a respeito dos conflitos no ambiente de trabalho é o fato de os sentimentos rapidamente serem deixados de lado. Quando há questões financeiras e profissionais envolvidas, é como se tudo ao redor desaparecesse. Os almoços, os encontros de funcionários e até as partidas de futebol do time da empresa perdem o significado quando surgem problemas de trabalho. Ironicamente, essa distinção ajuda a lidar com conflitos profissionais, em comparação com discussões sérias entre cônjuges, familiares ou amigos íntimos. Nesses conflitos, de fato existem questões sentimentais que podem dificultar a resolução. Nas discussões profissionais, os sentimentos pessoais não têm a menor importância.

Steve faz uma avaliação honesta

Ao avaliar o equilíbrio dos poderes no conflito, observe a diferença entre o que as partes desejam e aquilo de que realmente precisam. Um exemplo:

Steve era especialista em recursos humanos. Organizou uma série de mesas-redondas onde grandes corporações ouviam especialistas sobre questões relacionadas ao RH e onde era possível trocar informações. Steve fazia, em média, uma mesa-redonda por mês em cidades nos Estados Unidos, no Leste Asiático e na Europa Ocidental. Para o negócio de Steve era muito importante que esses eventos acontecessem em hotéis de primeira classe, com ótimos restaurantes e acomodações. Também era importante que os convidados fossem autoridades reconhecidas na área. Steve era muito bom em fazer com que tudo isso acontecesse, e seu negócio teve um enorme sucesso por mais de duas décadas.

Recentemente Steve se deu conta de que seu site precisava ser atualizado para se tornar coerente com os outros aspectos de seus eventos. O site já existia havia alguns anos, mas nunca tinha recebido muita atenção. No fundo, era apenas uma de várias fontes onde seus clientes em potencial podiam obter informações sobre o negócio ou clientes reais podiam ficar sabendo dos próximos eventos. Mas certo dia um cliente disse a Steve que o site dele era uma vergonha, ultrapassado, e ao ouvir isso Steve decidiu procurar um webdesigner de ponta.

Steve entrevistou alguns profissionais, e em pouco tempo encontrou Sharon, que parecia ter as habilidades de que ele precisava. Mas havia um problema: quando Sharon disse quanto cobrava, Steve ficou de queixo caído. A simples ideia de pagar tanto pelo site parecia ultrajante. Sharon explicou que o valor cobrado por ela era bastante razoável para uma designer de primeira categoria. Segundo ela, era o que Steve teria que pagar caso quisesse um trabalho de primeira linha. É claro que ele poderia pagar menos, mas não obteria o melhor resultado.

Embora Steve e Sharon tenham se dado bem nas primeiras conversas, rapidamente as negociações ganharam um ar de hostilidade. Para Steve, Sharon estava sendo abusiva em relação aos honorários, considerando-se que até então a conversa entre os dois tinha sido amigável. Numa reação puramente emotiva, ele queria simplesmente encerrar as negociações.

Mas se Steve tivesse encerrado as negociações com Sharon, como ficaria? Sharon estava dizendo a verdade ao explicar que o preço que cobrava era razoável para bons webdesigners. Quando Steve deixou de lado a emoção, viu que precisava exatamente do que Sharon tinha a oferecer. Por outro lado, o que ele queria era muito diferente – encontrar um webdesigner de primeira linha que cobrasse muito menos. Só que, no mundo real, Steve fez uma pesquisa e percebeu que isso não seria possível. Além de tudo, teria que entrevistar muitas pessoas. E ele podia pagar o que Sharon estava pedindo. Na verdade, a base do conflito era o fato de ele ter se sentido pessoalmente insultado pela quantia pedida por Sharon. Assim, quando Steve deixou os sentimentos de lado e olhou para a realidade, ficou fácil fechar negócio com Sharon. O que Steve fez não foi dar para trás; foi resolver o conflito de forma assertiva. Isso significa ser assertivo consigo mesmo, não só com a outra parte.

Portanto, uma avaliação honesta e detalhada da situação e de suas necessidades é o primeiro passo para resolver o problema. Fazer essa avaliação é responsabilidade sua, mas essa não será sua única responsabilidade na resolução assertiva de conflitos. Você também precisará dar à outra parte as informações necessárias para que ela possa tomar uma decisão e chegar ao mesmo nível de esclarecimento que você alcançou.

Na situação que acabamos de ver, Sharon fez um bom trabalho. Deixou claras suas necessidades e também deixou claro que não trabalharia por menos. Também explicitou que o valor cobrado era a realidade do mercado. Isso não é agressividade nem passividade. É assertividade. Sharon fez sua pesquisa, tinha confiança nos fatos apurados e por isso foi capaz de deixar sua posição bem clara. Se você fizer isso de maneira honesta e convincente, terá grande chance de evitar o surgimento do conflito. E caso o conflito surja, evitará que ele cresça ou acabará com ele rapidamente.

COMO SE COMPORTAR NO CONFLITO

Pense em como as crianças pequenas se comportam quando discutem entre si e não aja dessa forma! Não xingue as pessoas. Não aponte com o dedo. Não tente transferir toda e qualquer culpa para a outra parte. Essas táticas só servem para fazer o outro se justificar e ficar na defensiva. Fale sobre o seu comportamento, não sobre o comportamento do outro. Se estiver impaciente, é melhor dizer "Vou esperar você terminar de falar" em vez de "Falta muito para acabar de falar?". Nem sempre é fácil demonstrar esse nível de moderação, mas a longo prazo ele é muito mais produtivo.

Outro ponto fundamental: mantenha o foco no presente ou no futuro. Não se apegue ao passado. Ficar relembrando o que aconteceu na semana passada ou no ano passado quase sempre é uma má ideia em conflitos profissionais. Com frequência, as pessoas se utilizam de sucessos passados para tentar obter o que desejam agora: "Veja tudo o que eu fiz por esta empresa no último ano! Você não pode me tratar assim agora!" Claro que tudo isso pode ser verdade, mas, no fundo, você está usando um argumento sentimental. Como já dissemos, um lado bom e ao mesmo tempo ruim dos conflitos profissionais é o fato de eles não envolverem sentimentos. Amizades profissionais só têm valor quando tudo vai bem. Quando surgem problemas no ambiente de trabalho, de uma hora para outra bons camaradas passam a agir como se não se conhecessem.

Em vez de falar do passado, concentre-se no que você pode fazer agora e no futuro se o conflito tiver um fim satisfatório. Esse é o seu verdadeiro trunfo. É assim que você pode mostrar que, pelo bem de todos, é melhor que suas necessidades sejam satisfeitas. Por outro lado, se você não pode se apresentar como um ativo valioso para o futuro da empresa, sua posição perde bastante força. Portanto, tenha sempre em mente quais são as necessidades da empresa e por que elas só serão satisfeitas com a sua contribuição.

Ainda falando sobre o passado, evite usar certas palavras e frases que tendem a perpetuar problemas recorrentes e trazê-los para o presente. Se a discussão ficar acalorada, por exemplo, é possível que você se pegue dizendo algo como "Você vive fazendo isso" ou "Você sempre age desse jeito". Esse tipo de generalização negativa tende a ser uma profecia autorrealizável – ou seja, a outra pessoa passa a agir exatamente da forma que você descreveu. Para tentar resolver um conflito, é muito melhor estar atento a quaisquer mudanças positivas, por menores que sejam, e reforçá-las.

Uma das situações mais importantes da história em que esse princípio foi aplicado foi durante a Crise dos Mísseis de Cuba, em 1962. Esse foi o momento em que o mundo esteve mais perto de uma guerra atômica, com Estados Unidos e União Soviética em conflito por causa da presença de mísseis nucleares soviéticos em Cuba. Em dado momento, os Estados Unidos receberam o que parecia ser uma mensagem positiva dos russos, sugerindo uma forma de resolver o conflito. Enquanto o presidente Kennedy e seus conselheiros estavam avaliando a mensagem, chegou uma segunda comunicação – esta muito mais dura. Nesse momento, Kennedy fez um movimento brilhante. Decidiu responder imediatamente à primeira mensagem e ignorar a segunda. Ao reforçar o positivo em vez de focar no negativo, ele literalmente salvou o mundo. Portanto, lembre-se desse princípio. É assertivo e eficaz.

Por fim, e talvez o mais importante de tudo: vamos olhar pelo lado bom. Imagine que você tenha conseguido resolver um conflito. Na verdade, suponha que suas necessidades tenham sido satisfeitas e que, nos termos mais convencionais, você possa ser considerado o "vencedor" da disputa. Nesse momento, é fundamental resistir à tentação de comemorar. Se você não oferecer à outra parte a chance de uma retirada digna, pode ter certeza de que o conflito reaparecerá no futuro, e da próxima vez é possível que você não saia por cima. Como mencionamos anteriormente, isso é algo que Lincoln compreendeu bem no fim da Guerra de Secessão. Ele evitou demonstrar superioridade, e depois disso nunca mais houve conflito aberto entre os estados. Já os Aliados não entenderam muito bem esse conceito no fim da Primeira Guerra Mundial, e o resultado foi uma catástrofe econômica e a ascensão de Adolf Hitler.

Se você deixa de demonstrar "espírito esportivo" no fim de um conflito no ambiente de trabalho, não vai transformar a outra parte num ditador fascista, mas certamente vai se arrepender do seu comportamento no futuro. Afinal, o objetivo da resolução assertiva de conflitos não é vencer, mas fazer com que todos vençam. Quando você tem esse objetivo em mente, dá um grande passo para dominar as habilidades pessoais.

COMUNICAÇÃO NÃO VERBAL

Até aqui a conversa sobre resolução de conflitos se concentrou no que é dito. Enfatizamos o que deve e o que não deve ser dito. Mas 90% da interação humana se dá pela comunicação não verbal. Isso inclui expressões faciais, gestos, linguagem corporal em geral. Também pode incluir as roupas, o que você pede no almoço ou se você chega cedo ou tarde para uma reunião.

Tendemos a reagir mais àquilo que *pensamos* que a pessoa quer dizer do que àquilo que ela de fato disse. Isso vale especialmente para situações de conflito. Por isso é preciso prestar atenção tanto nos seus sinais não verbais quanto nas palavras que diz. Nesse aspecto, a linguagem corporal é fundamental. Na verdade, é tão poderosa que pode criar ou destruir a confiança quase instantaneamente. Portanto, não se engane: uma boa comunicação não verbal é uma habilidade interpessoal crucial para a resolução de conflitos.

No nível mais óbvio, uma linguagem corporal positiva significa sorrir, fazer contato visual e ficar a uma distância adequada do seu interlocutor. Mas vai além. Quando você espelha as posturas, os gestos e o tom de voz da outra pessoa, está enviando sinais tranquilizadores para o cérebro dela e transmite a seguinte mensagem: "Ei, eu sou igual a você!" E como as pessoas confiam em quem é parecido com elas, você pode pensar na comunicação não verbal como uma espécie de dança. Você está seguindo os movimentos da outra pessoa, mas com isso, na verdade, está conduzindo a dança. Essa é uma boa maneira tanto de evitar conflitos como de resolvê-los de forma positiva.

Lembre-se: o importante é ser sempre o mais sutil e discreto possível. Ao espelhar os gestos do seu interlocutor, você não deve imitar exatamente o que ele está fazendo. Não é uma questão de coçar a cabeça quando ele coçar, mas de captar o significado das ações dele e, ao mesmo tempo, evitar que ele perceba sua intenção. Com isso, você vai tranquilizá-lo.

Vejamos algumas técnicas específicas para alcançar esse resultado. Primeiro, entre em sincronia com seu interlocutor, de modo que sua linguagem corporal, suas palavras e seu tom de voz se pareçam. Imagine que alguém está lhe dizendo que sente muito por ter insultado você. Talvez você fique satisfeito ao ouvir isso. E se essa pessoa estiver de braços cruzados? E se ela estiver revirando os olhos enquanto fala? E se toda a linguagem não verbal dela indicar que ela ainda acha você uma pessoa chata? Nesse caso, o significado positivo das palavras é muito menos assertivo do que o significado negativo de toda a comunicação não verbal.

Segundo, quando estiver falando de forma dura com alguém, mantenha contato visual, mas sem encarar ou lançar um olhar raivoso, e não se esqueça de piscar! Para ver como isso é importante, tente se olhar no espelho enquanto cerra os olhos de leve ou olha para o lado. Até os menores detalhes têm um efeito enorme no modo como você é visto.

Terceiro, avalie o clima e o espírito da interação, e adapte-se à energia da outra pessoa. Se ela ficar de pé, fique de pé. Se ela estiver caminhando, caminhe. Se resolveu se sentar, sente-se junto. Ela anda rápido ou devagar? Quando está sentada, ela se inclina para perto ou para longe de você? Perceba esses detalhes e aos poucos adapte sua postura para que fique semelhante à da outra pessoa. Como dissemos, evite fazer isso de forma descarada. Isso não é um jogo de imitação. Você está usando uma habilidade interpessoal básica com sutileza e bom gosto. A voz contém três elementos: o tom, que pode ser agudo ou grave; o ritmo, que pode ser rápido ou lento; e o volume, que pode ser alto ou baixo. Se as pessoas ao seu redor estão falando baixo e em um tom empático, você deve fazer o mesmo.

Quarto, esforce-se para parecer positivo e entusiasmado, mesmo que a discussão fique acalorada. As pessoas são influenciadas por uma energia positiva. Por mais difícil que pareça, a resolução assertiva de conflitos significa sorrir e parecer confiante, não importa qual seja a situação. Se você começar a sentir uma hostilidade incontrolável, respire fundo e peça um copo d'água. Faça um esforço para melhorar o ânimo.

Quinto, se você sabe que vai ter uma conversa ou reunião em que um conflito pode surgir, procure se vestir da maneira apropriada. Usar as roupas erradas pode parecer um insulto mesmo antes de você abrir a boca para falar qualquer coisa. Nesse caso, use o princípio do espelhamento e simplesmente se vista de acordo com o que a situação pede.

Sexto, dê uma atenção especial ao seu aperto de mão. Esse é um gesto consagrado pelo tempo, com grande impacto na nossa cultura, sobretudo na resolução de conflitos. Afinal, a intenção original do aperto de mãos era mostrar que ambas as partes não estavam escondendo facas! No geral, um aperto de mão firme é um sinal bastante assertivo, um gesto importante quando fechamos acordos e resolvemos conflitos.

Por fim, após uma reunião em que um conflito tenha surgido, uma ótima ideia é escrever um bilhete à mão, em tom conciliatório, endereçado à outra parte. Faça isso sempre, quer tenha vencido, empatado ou perdido. Ao enviar esse bilhete, você não está apenas se comunicando com a outra parte. Está, na verdade, dando um presente, e quando você presenteia alguém, esse alguém tende a reagir da mesma forma.

A resolução de conflitos se baseia, acima de tudo, na intenção. Você sabe quando está pronto para encerrar uma briga. Quando sentir o impulso de fazer isso, não permita que o ego o impeça de fazer as pazes. Da mesma forma, esteja sempre atento a sinais de que a outra parte está pronta para resolver o conflito. Em geral, esses sinais são sutis, mas não os ignore. Na resolução assertiva de conflitos, tirar o máximo proveito de qualquer sinal positivo é fundamental.

EM AÇÃO

1. O relato de Lincoln pedindo desculpas humildemente a Shields pelas cartas é poderoso. Ele claramente assumiu a responsabilidade e, ao enxergar os erros que havia cometido, se desculpou. Reflita sobre sua carreira. Você tem se mostrado disposto a assumir toda a responsabilidade pelos erros cometidos por você mesmo ou por sua equipe? Faça uma lista dos erros do passado pelos quais você se culpa. Se você pensou em algum erro do qual deve assumir a culpa, nunca é tarde demais. Depois de fazer isso, comprometa-se a assumir a responsabilidade total por suas ações.

2. Na resolução de conflitos, você pode dar certos passos para tornar a experiência a mais agradável e produtiva possível. No futuro, quanto tiver um problema, percorra os passos a seguir. Assinale um × nas áreas que precisa melhorar e ✓ naquelas em que se saiu bem.

   ☐ Faça uma avaliação honesta dos detalhes da situação.

   ☐ Na avaliação, inclua suas necessidades.

   ☐ Evite atacar seu interlocutor. Isso vai deixá-lo na defensiva.

   ☐ Fale sobre o seu comportamento, não sobre o comportamento alheio.

   ☐ Concentre-se apenas no presente e no futuro. Evite desenterrar o passado.

   ☐ Preste atenção na sua linguagem corporal. Mantenha uma postura aberta e positiva. Evite cruzar os braços e se afastar, sinais de que você está na defensiva e tem a mente fechada.

☐ Não importa qual seja o resultado da discussão: procure terminá-la num tom positivo, gracioso e acolhedor.

3. Elabore uma lista com as dificuldades ou os conflitos internos que você está enfrentando atualmente. Em seguida, escreva o passo a passo do que precisa fazer para resolvê-los. Se possível, estabeleça um prazo limite. Por fim, respire fundo e reconheça sua coragem e sua proatividade.

ANOTAÇÕES

16

Gerenciamento e negociação de conflitos com assertividade

Quando sentimos raiva de outras pessoas, de inimigos, estamos dando a elas poder sobre nós: poder sobre o nosso sono, sobre o nosso apetite, sobre a nossa pressão sanguínea, sobre a nossa saúde, sobre a nossa felicidade. Nossos inimigos comemorariam se soubessem quanto nos preocupam, quanto nos machucam e quanto nos fazem mal! Nossa raiva não os fere, mas transforma nossos dias e noites num caos.

– Dale Carnegie

Neste último capítulo vamos concluir a discussão sobre a resolução assertiva de conflitos. Veremos como ela se conecta com outros tópicos fundamentais, não só para o sucesso da sua carreira, mas para sua vida como um todo.

Diariamente você se envolve em diversas situações que podem resultar em conflito. Você se encontra em situações em que suas vontades e as de outras pessoas não são as mesmas. Na verdade, como não existem duas pessoas iguais no mundo, praticamente todas as situações são assim. Nesses casos, existem três alternativas possíveis.

Primeiro, você pode sair como "vencedor" – consegue tudo o que queria, enquanto a outra pessoa não consegue nada. Mas o inverso também é possível. Você pode ser o "perdedor". Os objetivos da outra pessoa são alcançados, e o seus, não.

No mundo real, é raro que uma das partes tenha uma vitória total sobre a outra. Em geral, o resultado é um meio-termo. As partes negociam e fazem um acordo. A situação é resolvida com uma negociação. Na negociação, há conflitos de interesses. Em geral, o que uma pessoa quer não é exatamente o que a outra quer. Os dois lados preferem buscar soluções em vez de simplesmente abrir mão do que querem, recuar ou ficar furiosos um com o outro.

Negociação, portanto, é o nome que damos à resolução de conflitos sem combate. Vejamos algumas estratégias e táticas eficazes de negociação, que é, afinal, o meio pelo qual os conflitos são resolvidos.

COMO LIDAR COM O CONFLITO

Poucas pessoas gostam de estar em conflito com outros seres humanos. Conflitos com o chefe, subordinados ou colegas não são experiências agradáveis, sobretudo se ganha ares de hostilidade. Negociar uma solução pode ser uma tarefa mental e emocionalmente exaustiva, mas é possível facilitar esse processo. Para isso, basta manter o foco nos possíveis benefícios. Uma negociação eficaz pode ser uma experiência extremamente positiva, tanto do ponto de vista pessoal quanto do profissional. O importante é, logo de início, identificar o conflito e lidar com ele em vez de permitir que saia de controle. Dessa forma, é possível criar uma solução negociada. Quando houver conflito de interesses, não negue a existência dele, mas também não o aumente. Assuma o compromisso de negociá-lo com uma postura positiva. Esse comprometimento é, por si só, uma habilidade interpessoal assertiva e deve funcionar como uma base forte para sua abordagem de resolução de conflitos.

Se você é como a maioria das pessoas, normalmente evita ou nega a existência de conflitos. No entanto, uma alternativa melhor é usar o conflito como um cenário onde você pode empregar suas habilidades interpessoais criativas e assertivas. Hoje em dia, cada vez menos as grandes corporações se baseiam em títulos e poderes oficiais. Existem menos limites claros de responsabilidade e autoridade. Com isso, no futuro haverá mais conflitos reais ou potenciais no ambiente de trabalho. Portanto, as habilidades de negociação podem ser um elemento fundamental para o sucesso da sua carreira. Além disso, existem técnicas muito específicas e poderosas que podem rapidamente transformar você em um negociador eficaz, começando agora mesmo.

Negociadores habilidosos iniciam a negociação com um conceito-chave em mente. Eles sabem que é importante satisfazer as próprias necessidades, mas também percebem a importância de satisfazer a outra parte. Seu objetivo é sentir que o conflito foi resolvido com sucesso e fazer com que a outra pessoa sinta o mesmo. Em suma, você precisa almejar um resultado em que todas as partes saiam ganhando. A magia de uma boa negociação é criar esse tipo de situação, mesmo que a princípio pareça que alguém saiu perdendo. Na verdade, em quase todas as negociações as duas partes ganham em alguns pontos. O truque é encontrar esses elementos.

Para ajudá-lo nessa tarefa, vejamos três princípios estratégicos fundamentais.

Primeiro, comprometa-se a usar uma abordagem em que todos saiam ganhando.

Segundo, deixe claro o que você deseja e por que deseja.

Por fim, tenha em mente quais circunstâncias o levarão a encerrar as negociações sem chegar a uma resolução. Embora pareça que esse é o pior cenário possível, as habilidades interpessoais assertivas vão evitar que o resultado seja pior do que tem que ser.

No papel de líder, tente não enxergar a negociação como uma competição em que você precisa derrotar a outra parte para sair como "vencedor". Mesmo uma negociação fracassada pode servir de base para formar um relacionamento benéfico a longo prazo para você e sua empresa. Nesse sentido, a negociação nunca termina de fato. Uma negociação fracassada muitas vezes é o começo da próxima fase.

Cada um desses princípios é fundamental para a resolução de conflitos no ambiente corporativo. A seguir, vamos analisá-los de maneira detalhada.

Sua mentalidade é essencial

Parta do pressuposto de que existe uma solução vantajosa para todos e que sua tarefa é encontrá-la. Mesmo que no fundo duvide disso, você precisa se convencer de que essa é a realidade. Em outras palavras, você deve colocar o peso da responsabilidade por um resultado positivo sobre os próprios ombros, não em circunstâncias externas ou na outra parte. Isso pode parecer exigir demais de si mesmo, mas se enxergar no controle da situação é muito melhor do que colocar seu destino nas mãos de outra pessoa. Portanto, crie uma mentalidade positiva e faça com que sua autodeterminação seja a base dessa mentalidade. Você está no controle e vai exercer esse controle de forma assertiva para o bem de todos.

Você tem muito mais chance de chegar a uma solução boa para todos se abordar a negociação com esse senso de poder pessoal. Dessa perspectiva, é muito mais fácil demonstrar interesse nas preocupações da outra parte e encontrar uma solução positiva para todos. Para isso, você pode criar alternativas que tenham muito valor para seu oponente, apresentando opções que pareçam se alinhar com os interesses dele ou até permitindo que ele saia da negociação cantando vitória.

Em geral, existem dois tipos de personalidades entre os líderes, e essas diferentes características determinam o estilo de negociação. Os líderes autocráticos pensam que devem conseguir tudo o que almejam ao interagir com sua equipe. Por quê? Simplesmente porque eles têm um cargo superior na hierarquia da organização. Quando um subordinado pergunta por que deve fazer algo, eles costumam responder "Porque eu sou o chefe" ou "Porque estou mandando". Talvez eles até achem que estão negociando, mas o que realmente fazem é dar ordens.

Ao darem ordens, os líderes autocráticos não percebem que estão hostilizando os subordinados. Com isso, muitas vezes as tarefas que ordenam não são finalizadas da maneira mais correta ou eficaz. Esse é um fenômeno conhecido como "obediência maliciosa": tecnicamente, a ordem é cumprida, mas ao mesmo tempo é sutilmente minada. Por exemplo, imagine um chefe autocrático que manda o assistente ir à rua para comprar um sanduíche para ele almoçar. O assistente volta com um sanduíche de presunto, e o chefe grita: "Você chama isto aqui de almoço? Me traz uma coisa decente para comer!" O assistente, então, vai a um restaurante caro e volta com um almoço que custa uma fortuna. Tecnicamente, ele cumpriu a ordem, mas ao mesmo tempo usou a obediência para agredir a autoridade. Como o fenômeno chamado de "arrependimento do comprador" no mundo das vendas, a obediência maliciosa costuma surgir em negociações com pessoas autocráticas.

A personalidade acomodada

Um segundo tipo de negociador é o que tem uma personalidade acomodada, que pode ser vista tanto num líder quanto num subordinado. Qualquer que seja o status que têm na organização, eles estão mais preocupados com o que os outros querem do que com as próprias necessidades. Às vezes, para evitar conflitos, eles abrem mão de negociar e sabotam os próprios interesses. Como toda negociação implica conflito, para essas pessoas é fundamental se forçar a um certo nível de comprometimento. Só assim elas podem participar ativamente do ambiente empresarial.

COMO ADOTAR A MENTALIDADE COLABORATIVA

Imagine que você tenha uma das personalidades descritas anteriormente e esteja começando uma negociação. Que mentalidade você deseja adotar? Positiva ou negativa? Colaborativa ou de confronto? Se você estivesse lidando com um indivíduo autocrático, deixaria ele preparar o terreno para você exercer uma obediência maliciosa? Seu objetivo secreto seria vencer uma guerrilha contra um valentão, levando-o, num primeiro momento, a pensar que saiu ganhador? Por outro lado, se estivesse lidando com uma pessoa extremamente acomodada, você gostaria de tirar vantagem da fraqueza dessa pessoa? A curto prazo, talvez essas intenções hostis lhe proporcionem certa satisfação, mas elas não são assertivas. Talvez você até tenha sido assertivo ao lidar com a outra parte, mas certamente não foi ao lidar com seus impulsos negativos. Você não entrou na negociação com uma mentalidade positiva. Ter uma mentalidade positiva significa enxergar o que há de positivo na outra pessoa e na situação como um todo e maximizar esse elemento positivo. Claro que não é fácil lidar com personalidades extremas como as que acabamos de descrever, e nem sempre é fácil exercitar as habilidades interpessoais assertivas, pelo menos a curto prazo. Mas, a longo prazo, elas facilitam a vida de todos.

É fundamental entender que não se aprende a negociar baseando-se em comportamentos-padrão e aplicando-os a todas as situações. Isso até poderia funcionar se todos os indivíduos se comportassem de forma racional e previsível. Mas não é o que acontece, porque geralmente as pessoas são emotivas e irracionais. Para negociar bem, você precisa preparar toda uma gama de abordagens e escolher a mais apropriada de acordo com quem está do outro lado da mesa. A palavra-chave é *preparação*. Você precisa se preparar sabendo o que quer e também o que a outra pessoa quer. Prepare-se para um possível comportamento agressivo ou submisso da outra parte. E prepare-se também para assumir a responsabilidade por transformar esses elementos numa solução boa para ambas as partes.

O mais importante de tudo é ser claro com relação a seus verdadeiros objetivos e suas questões e se esforçar para identificar as reais necessidades da outra pessoa. Muitas negociações fracassam porque os participantes têm medo de ser passados para trás e acabam deixando de lado o que realmente lhes importa. Estão mais preocupados em saber se o outro lado venceu ou deu um passo em direção à vitória. Essa é uma abordagem basicamente fraca, embora tente se apresentar como forte.

DEIXE CLARO QUAIS SÃO SUAS VONTADES E NECESSIDADES

Esse é o nosso segundo princípio estratégico. Depois de se comprometer a alcançar um resultado positivo para ambas as partes, deixe claro o que você quer e por que quer isso. E diferencie suas vontades e necessidades reais das superficiais. Deixe em segundo plano tudo o que não for essencial.

Terceiro, deixe claras as circunstâncias que fariam você abandonar a negociação. Existem situações que fariam você desistir de negociar?

Se não existem, deveriam existir, porque em qualquer negociação séria você deve estar preparado para bater em retirada caso veja que suas verdadeiras necessidades não serão atendidas. Se você tem R$ 400.000,00 para comprar uma casa, mas o vendedor quer R$ 800.000,00, você pode dar início a uma negociação assertiva, discutir várias questões menores, e talvez os dois lados possam fazer concessões. Mas se o vendedor continuar exigindo o dobro do que você tem, você deve estar preparado para interromper a negociação.

Por outro lado, se não há uma situação que levaria você a desistir da negociação e o negociador do outro lado está determinado, talvez seja melhor poupar o tempo de todos e simplesmente ceder logo de cara.

Voltemos ao exemplo da casa. Imagine que você tenha desistido da casa que custa R$ 800.000,00 e encontrado uma que custe R$ 400.000,00 (exatamente a quantia de que você dispõe). Mas de repente você tem uma ideia. Talvez você deva comprar uma casa por R$ 200.000,00 em vez de gastar cada centavo que tem num imóvel.

Sua conversa com o vendedor pode transcorrer da seguinte maneira:

– Eu adorei a casa que você está vendendo por R$ 400.000,00, mas me pergunto se posso conseguir uma casa tão boa quanto a sua por R$ 200.000,00. Então acho que vou procurar um pouco mais.

Então o vendedor diz:

– Bem, pode procurar quanto quiser, mas garanto que não vai encontrar casas como esta por R$ 200.000,00.

Mesmo assim, você decide fazer uma pesquisa de mercado. Você quer uma casa com três quartos, duas vagas de garagem e piscina. Essas são suas verdadeiras necessidades na situação, mas, com a pesquisa, fica claro que o vendedor estava certo. Não existem casas assim por R$ 200.000,00. Se você quiser ser teimoso, pode continuar procurando. Pode esperar para ver as casas que vão entrar no mercado. Pode até passar anos esperando. Mas se você realmente precisa de uma casa com três quartos e não existem outras disponíveis, você não terá para onde correr e terá que pagar o preço cobrado pelo vendedor. Se é esse o caso, é melhor fazer isso o quanto antes. Do contrário, você não estará sendo firme. Estará sendo apenas teimoso.

SEJA CLARO A RESPEITO DO SEU PLANO B

Ao começar uma negociação é sempre importante ter um plano B – o que fará se não conseguir chegar a um acordo de jeito nenhum. Se você está negociando seu salário, por exemplo, suas alternativas podem incluir um cargo em outra empresa, uma busca mais demorada de emprego ou permanecer no seu trabalho atual. Esse é um ponto de referência fundamental, porque seu plano B estabelece um limite para a resolução do problema. O resultado da negociação precisa ser igual ou melhor ao seu plano B.

Determinar seu plano B nem sempre é uma tarefa fácil. Você precisa estabelecer um valor concreto para várias alternativas. Por exemplo, você sabe quanto ganha no trabalho atual, mas valeria a pena ganhar um pouco mais se tiver que mudar de cidade? Em negociações mais simples podem surgir questões como essa. No entanto, quase sempre existem muitas variáveis que dificultam enxergar o ponto a partir do qual é melhor abandonar a negociação. Além disso, em quase todas as situações é igualmente importante descobrir qual é o plano B ou o limite de negociação da outra parte. Na verdade, um objetivo da negociação assertiva pode ser se aproximar ao máximo do limite da outra pessoa.

Se você realmente precisar apelar para o plano B, veja algumas coisas a ter em mente. Na maioria das situações de conflito no ambiente corporativo, você continuará tendo uma relação com a outra pessoa, portanto não saia da mesa de negociação com cara de poucos amigos, nem permita que a outra parte faça isso. Não é fácil, mas enxergue esse momento como um teste para sua assertividade e suas habilidades interpessoais. Assim você aumenta a chance de um resultado melhor no futuro.

Eis um exemplo de como pode funcionar. Kim e Gretchen são designers gráficas que trabalham como freelancers. Uma pequena editora decidiu lançar uma nova coleção de livros de culinária, o tipo de livro que exige muito de designers. Kim e Gretchen foram contratadas para trabalhar na coleção. Embora não se conheçam, elas negociaram salários quase iguais. Ambas estavam muito empolgadas com o projeto. Também ficaram satisfeitas ao receber um telefonema de Paul, o diretor editorial, que se disse muito feliz em oferecer a oportunidade a ambas.

Isso foi na sexta-feira. Na segunda de manhã, o telefone tocou nos escritórios de Kim e Gretchen. Dessa vez não era Paul, mas o assistente dele, explicando que durante o fim de semana Paul tinha pensado melhor a respeito do projeto e decidido cancelá-lo. O assistente terminou dizendo que lamentava muito, mas essa era a decisão do diretor, e agradeceu pelo tempo de ambas.

De imediato Kim ficou furiosa. Primeiro, disse poucas e boas para o assistente de Paul, depois correu para escrever um e-mail para o próprio Paul. Disse que ele tinha sido extremamente antiprofissional ao firmar um compromisso e depois dar para trás. Mencionou que tinha recusado outro trabalho para estar disponível para aquele projeto, e agora provavelmente tinha perdido o outro também. Por fim, disse que Paul era um covarde por fazer o assistente dar a má notícia. Do ponto de vista puramente factual, Kim estava correta em tudo o que disse.

Gretchen também ficou furiosa com o telefonema do assistente de Paul, mas sabia que momentos assim são um teste para as habilidades interpessoais de um profissional. Falou de forma breve, mas educada, com o assistente, e, assim como Kim, logo depois escreveu um e-mail para Paul. Manteve o autocontrole e agradeceu a oportunidade, mas também citou a decepção pelo fato de o projeto não ir para a frente. No fim, disse que mesmo que esse projeto não tenha seguido em frente, mantinha as esperanças de fazerem parceria em outro projeto no futuro.

Qual o resultado final desse episódio? Primeiro, em menos de um ano Paul não estava mais na empresa. Seu ex-assistente assumiu o cargo, e uma de suas primeiras ações foi contratar Gretchen para um grande projeto. Também pensou em ligar para Kim, mas ela havia ficado tão furiosa um ano antes que ele teve dúvida se ela realmente gostaria de trabalhar com ele.

Numa situação em que um trabalho ou projeto é abandonado, é fundamental falar sobre possibilidades futuras, não sobre os problemas atuais, muito menos sobre a personalidade de alguém envolvido. Resista à tentação de atacar alguém pessoalmente. Se o diálogo começa nesse nível, as pessoas vão simplesmente defender a própria autoestima. Tente manter a racionalidade com foco nos seus objetivos de longo prazo. Se necessário, deixe a outra parte dar vazão às emoções, mas não leve nada para o lado pessoal. Deixe claro que você sabe que o conflito tem a ver com questões profissionais e que não é nada pessoal. Isso ajuda a evitar que a outra parte fique raivosa e na defensiva, tanto agora como em oportunidades futuras.

CULTIVE ALGUNS INTANGÍVEIS NA NEGOCIAÇÃO

Além das estratégias explícitas já discutidas, existem muitos intangíveis que podem influenciar na negociação de um conflito. A linguagem verbal e corporal pode fazer diferença na forma de alcançar a resolução do problema. Passe mais tempo ouvindo do que falando, e faça contato visual direto. Substitua a palavra "mas" por "e". A palavra "mas" diminui a importância de tudo o que foi dito antes, enquanto "e" mostra que você está interessado no que o outro tem a dizer e quer encontrar um denominador comum.

Mais especificamente, tenha muito cuidado ao usar o celular, o e-mail e outros veículos de comunicação não presencial. A ausência de expressões faciais, de entonação vocal e de outras pistas que só existem numa conversa cara a cara podem levar a enormes mal-entendidos. Reitere seu interesse nas preocupações da outra parte e deixe claro que está determinado a encontrar uma solução satisfatória para todos.

Às vezes, o local de negociação tem um papel importante. Ela está acontecendo num lugar onde você ou a outra pessoa não se sente à vontade? Você está num lugar em que se sente confortável demais? No ambiente da empresa, sempre existe aquela sensação de que tudo precisa acontecer pelos canais oficiais e de que as pessoas têm uma reputação a zelar. Assim, se possível, quando quiser conversar com alguém, saia do escritório e vá para um café ou até mesmo vá dar uma volta no quarteirão. Em geral, qualquer coisa é melhor do que fazer uma reunião na fortaleza pessoal cuidadosamente construída por outra pessoa.

Se você já teve algum conflito com essa pessoa no passado, tenha em mente que o histórico pode afetar a situação atual. Se vocês resolveram o problema e a experiência foi positiva, use o passado como modelo para a nova interação. Mas se a experiência foi negativa, encontre uma forma de começar do zero, se possível. Senão, veja se alguém pode negociar em seu lugar. Tenha em mente que as pessoas dão importância de modo diferente a cada elemento de um conflito. Por exemplo, na negociação de um emprego, talvez você dê muito valor à localização da empresa e menos ao salário, ou vice-versa. Esteja atento aos seus pontos de vista subjetivos e deixe claro que compreende os pontos de vista de seu interlocutor. Saber o que realmente é "valorizado" (não apenas quantificado) é parte importante da resolução assertiva de conflitos.

Esteja sempre ciente também da pressão de tempo. Se não houver pressão de tempo, crie. Numa negociação profissional, todos os passos da resolução de conflitos precisam ter um prazo e um cronograma. Do contrário, entra em ação o princípio já mencionado de que o trabalho vai se expandindo até tomar todo o tempo disponível, mesmo que dure para sempre!

Por fim, existe um pensamento que se aplica não só à resolução de conflitos, mas a todas as habilidades interpessoais de que tratamos ao longo deste livro. É um pensamento de Roger Fisher, ex-professor de Harvard e coautor de *Como chegar ao sim – como negociar acordos sem fazer concessões*, um dos maiores best-sellers sobre negociação de todos os tempos.

Roger Fisher disse: "Seja incondicionalmente construtivo. Aborde o conflito com a seguinte atitude: 'Eu aceito você como um igual, um parceiro na negociação. Respeito seu direito a discordar de mim. Serei receptivo.' Alguns criticam minha abordagem, dizem que é suave demais, mas é fato que negociar com base nesses princípios é um sinal de força."

A cada dia todos nós nos envolvemos em muitas interações, mas isso não significa que melhoramos nelas com o passar do tempo. Para melhorar, precisamos entender a estrutura e a dinâmica das habilidades interpessoais. Precisamos pensar de forma clara, objetiva e crítica. E, acima de tudo, precisamos agir de forma assertiva.

Não existe um estilo "ideal" de habilidades interpessoais assertivas. Você precisa descobrir quais são as ferramentas e técnicas mais eficazes para você. Teste as ideias que exploramos ao longo deste livro e veja com quais se dá melhor. Algumas ideias citadas por Dale Carnegie se aproximam de princípios universais. São elas:

Tenha paciência ilimitada. Nunca coloque as pessoas num beco sem saída e sempre as ajude a manter a dignidade. Para enxergar com os olhos do outro, coloque-se no lugar dele. Evite ser arrogante. E, acima de tudo, parta para a ação. A inação gera dúvida e medo. A ação gera confiança e coragem. Se você quer eliminar os elementos negativos da sua vida, não fique pensando neles sentado no sofá da sala. Trabalhe pelo seu objetivo!

EM AÇÃO

1. Uma boa capacidade de negociação pode impulsionar sua carreira. Primeiro, com base nas informações dadas, elabore uma lista de todos os traços que caracterizam um bom negociador. Em seguida, liste os traços que você possui. Esforce-se para desenvolver e praticar os que não possui. Mantenha um diário das mudanças e dos resultados.

2. Os três princípios estratégicos fundamentais para se tornar um grande negociador são:

    1. Comprometer-se com uma abordagem em que todos saiam ganhando.

2. Deixar claro o que você deseja e por que deseja.
3. Estar sempre pronto, mas tendo sempre em mente um plano B. Encontre um amigo ou colega de trabalho com quem possa treinar essas estratégias e simule uma negociação. Ambos devem tomar nota dos pontos fortes e dos pontos a desenvolver dos dois. Aproveite este exercício e tome nota das mudanças positivas que observar em si mesmo conforme treina.

3. Durante um conflito, buscar satisfazer o outro e ao mesmo tempo tentar cuidar das próprias necessidades coloca você numa posição de grande poder. Por outro lado, evitar ser um obstáculo para a negociação requer muita disciplina, consciência e prática. Da próxima vez que começar uma negociação ou entrar em um conflito, procure descobrir as necessidades da outra pessoa antes de começar a interagir com ela. Após resolver a questão, anote as ideias que teve ao mudar o foco de si mesmo para a outra pessoa. Na maioria das vezes os resultados são extraordinários!

ANOTAÇÕES

CONHEÇA OS LIVROS DE DALE CARNEGIE

Como fazer amigos e influenciar pessoas

Como evitar preocupações e começar a viver

Como fazer amigos e influenciar pessoas na era digital

Como falar em público e encantar as pessoas

Como se tornar inesquecível

Como desfrutar sua vida e seu trabalho

As 5 habilidades essenciais dos relacionamentos

Liderança

Venda!

Escute!

Como ser bem-sucedido nos dias de hoje

CONHEÇA ALGUNS DESTAQUES DE NOSSO CATÁLOGO

- Augusto Cury: Você é insubstituível (2,8 milhões de livros vendidos), Nunca desista de seus sonhos (2,7 milhões de livros vendidos) e O médico da emoção

- Dale Carnegie: Como fazer amigos e influenciar pessoas (16 milhões de livros vendidos) e Como evitar preocupações e começar a viver

- Brené Brown: A coragem de ser imperfeito – Como aceitar a própria vulnerabilidade e vencer a vergonha (600 mil livros vendidos)

- T. Harv Eker: Os segredos da mente milionária (2 milhões de livros vendidos)

- Gustavo Cerbasi: Casais inteligentes enriquecem juntos (1,2 milhão de livros vendidos) e Como organizar sua vida financeira

- Greg McKeown: Essencialismo – A disciplinada busca por menos (400 mil livros vendidos) e Sem esforço – Torne mais fácil o que é mais importante

- Haemin Sunim: As coisas que você só vê quando desacelera (450 mil livros vendidos) e Amor pelas coisas imperfeitas

- Ana Claudia Quintana Arantes: A morte é um dia que vale a pena viver (400 mil livros vendidos) e Pra vida toda valer a pena viver

- Ichiro Kishimi e Fumitake Koga: A coragem de não agradar – Como se libertar da opinião dos outros (200 mil livros vendidos)

- Simon Sinek: Comece pelo porquê (200 mil livros vendidos) e O jogo infinito

- Robert B. Cialdini: As armas da persuasão (350 mil livros vendidos)

- Eckhart Tolle: O poder do agora (1,2 milhão de livros vendidos)

- Edith Eva Eger: A bailarina de Auschwitz (600 mil livros vendidos)

- Cristina Núñez Pereira e Rafael R. Valcárcel: Emocionário – Um guia lúdico para lidar com as emoções (800 mil livros vendidos)

- Nizan Guanaes e Arthur Guerra: Você aguenta ser feliz? – Como cuidar da saúde mental e física para ter qualidade de vida

- Suhas Kshirsagar: Mude seus horários, mude sua vida – Como usar o relógio biológico para perder peso, reduzir o estresse e ter mais saúde e energia

sextante.com.br